【誕生から6歳までの道すじをたどる】

# 発達を学ぶ 発達に学ぶ

藤野友紀

# はじめに

発達とは何か?

学生時代に「発達」に出会ってから20年以上、ほそぼそながらも発達にかかわる仕事をしてきましたが、あらためて答えようとするとなかなか難しい問いです。

最初は素朴に「発達とは、できなかったことができるようになることだ」と考えていたように思います。でも実践現場でさまざまな子どもたちや実践者の方々と出会う中で、また、重みのある豊かな理論や実践報告にふれる中で、次第に考えが変化してきました。そもそも「できる—できない」ってどういうことだろう? 個人の発達には、まわりの人との関係や実践そのものの発達が深く関係しているのではないだろうか? …などなど。いろいろな人たちに刺激を受けながらいまだに考え続けています。

ですから発達について書いてみないかと声をかけていただいたとき、発達とは何かについてまだ確固とした自分なりの答えがないのに引き受けてよいものだろうかと迷いました。しかし、いまの時点でぐちゃぐちゃしている考えを整理してみるのもよいではないか、書いていく中で新たに見えてくるものもあるかもしれないと思い直し、お引き受けすることにしました。

この本は二人の先達の思想と理論が土台あるいは背骨となっています。一つは、学恩を受けた田中昌人先生（1932－2005年）の「可逆操作の高次化における階層－段階理論」。もう一つはロシアの心理学者レフ・セミョノヴィチ・ヴィゴツキー（1896－1934年）の発達論です。生きた時代も文化的背景もちがうけれども、両者には共通することがいくつかあり、そこに私は魅力を感じています。

まず、発達を教育と切り離さず、つねに発達と教育の関係を視野に入れている点。教育とは他者を介して新しい自分や新しい世界との出会いを助ける営みです。教育こそが発達を導くのだという視点は、個の発達のみならず、集団の発達や実践自体の発達にも目を向けさせてくれます。

そして、障害のある子どもの発達を何か特殊なものと考えるのではなく、その中にこそ人間の発達の普遍性を見いだそうとする点。田中先生もヴィゴツキーも実際に障害のある子どもとつき合い、その発達と教育を考える中で発達理論の重要なエッセンスを創り上げました。

この二人の先達の理論にはじめてふれたのは学部生のときです。以来何度も出会い直し、そのたびに目を開かれてきました。まだすべて理解できているわけではなく、これからも折にふれて出会い直し、学び直していくことでしょう。

本書は5つの章から構成されています。第1章では基本的な発達の考え方を、第2章から第4章は時間軸に沿って発達の姿を述べています。第5章は単行本化にあたって新たに書き下ろしました。「発達とは何か」について、いまの時点での自分なりの答えが残せていたら嬉しいです。

# 発達を学ぶ　発達に学ぶ

もくじ

## 第3章　乳児期後半の発達

## 第4章　幼児期の発達

カバーデザイン・イラスト／いばさえみ

# 第1章　発達的な視点とは？

## ◆「発達」と私の出会い

今から20年ほど前、漠然と障害児教育に関心をもって大学に入学した私は、新歓チラシの中の「障害児学童保育指導員募集」という文字に目がとまり、なんだかおもしろそうだな…と軽い気持ちで参加することにしました。その学童保育は、（当時の）養護学校や障害児学級に通う子どもの保護者が、土曜日や長期休暇中に自宅にこもりがちな現状を何とかしたい、障害のあるなしにかかわらず子どもにゆたかな放課後をすごさせたいという思いから、力を合わせて立ち上げたものでした。

私たちの学童保育には、言葉をもたない子どもが多くいて、自傷行為・他傷行為や激しい拒否的行動に直面することもしばしばありました。どう接したらいいのか悩んでいたとき、ちょうどよい具合に、保護者と発達相談員の先生が学生指導員向けの発達の勉強会を開いてくれました。

先輩たちと一緒に参加してみたものの、初めて耳にする話ばかりで、深くは理解できなかったように思います。でも、「困った」行動にどう対処するのか（どうしたらその行動をなくせるか）ではなく、まずは子どもの立場になって、その子がどのような思いでいるのかを理解しようとすることこそが大切なのだという考え方は、強烈に印象に残りました。

## ◆「ものさし」ではなく「めがね」として

なぜ発達を学ぶのか。それには異なる二つの立場があるように思います。一つは、人間を測る「**ものさし**」を手に入れるためというもの。何歳頃に何ができるという標準的発達をものさしとして、そこからどれくらい外れているか、遅れているかで人間を理解しようとする立場です。もう一つは、人間の内面を知る「**めがね**」を手に入れたいというもの。これは、人間の行動の意味やその背後にある思い（本人が自覚している場合も自覚していない場合も）を理解したいという動機に基づいています。

「ものさし」と「めがね」――どちらの立場を選ぶかによって、人間のとらえ方は変わってきます。ものさし派は発達を学べば学ぶほど、目の前にいる具体的な人間の姿が見えなくなってしまうでしょう。ものさしは目盛りをいくら細かくしても、測れるのは長さだけ。その長さも他のモノとの比較でしか評価できないからです。

それに対してめがね派は、目の前にいる人間の抱える葛藤や要求をより深く理解しようとするところから出発します。よく見えるめがねを手に入れると、その人が置かれている実践のあり方やその実践にかかわっている自分自身のことも見えてきて、実践を再考する機会につながります。この本ではみなさんと一緒に、めがね派をめざして発達を学んでいきたいと思っています。

## ◆発達は他者との共同から生まれる

ロシアの心理学者ヴィゴツキーが提唱した「**最近接発達領域**」という概念があります。最近接発達領域とは「子どもが一人でできること（**現在の発達水準**）と、他者との共同によってできること（**潜在的発達水準**）との間のへだたり」をさします。ヴィゴツキーは、ある時点で最近接発達領域にあったものが、のちに現在の発達水準に移行すると考えます。子どもはまず他者と共同してできるようになったあとに、それを一人でもできるようになる。発達は他者との共同をとおしてつくりだされる。それが発達の重要な法則だと言うのです。

では、最近接発達領域の概念の導入によって、実践の何がどう変わるのでしょうか。まず、発達テストの目的と位置づけが変わるでしょう。一般的な発達テストは、子どもが誰の助けも借りずに課題に正答できる標準的達成年齢に基づいて、発達を測ろうとします（その意味では、発達テストはものさし的な発想でつくられ、使われる代表的な道具と言えるでしょう）。最近接発達領域の概念は発達テストに対して、「それでほんとうに発達をとらえているのか」という問いを突きつけるのです。発達テストは現在の発達水準、つまりすでに発達してしまった結果を測っているだけではないか、それは発達の表面的な一つの側面にすぎないのではないか、と。

発達をとらえるには、子どもが課題にどのような関心をもち、課題の意味をどのように受けとめているのか、他者と共同してならどのように取り組むのか、子どもにどのような葛藤や要求が生まれているのかといった、潜在的発達水準への着目が不可欠です。最近接発達領域は、発達テストにそのような視点を取り入れることを求めます。それによって、発達テストの目的は、子どもの現在の発達水準を知ることから子どもの発達可能性をつかむことへ、子どもを測ることから子どもの発達をつくりだす教育を考えることへと変化していきます。

最近接発達領域の概念は、教育実践のあり方にも影響をもたらすでしょう。他者との共同が発達をつくりだすのであれば、子どもが意味を見出して参加できる活動の保障は教育の責任です。「なんだか楽しそうだな」「この先生やお友だちとだったら一緒にやってみたい」と思える関係性をどう築き、「おもしろい」「もっとやってみたい」と夢中になれる活動をどう用意するかが実践の重要なポイントとなります。このような発達的視点に立つとき、一方的な教え込みや、意味の乏しい反復練習、活動に参加できない状態での放置といった実践は、たしかな根拠をもって否定されるでしょう。

## ◆障害と教育と発達可能性

「最小限要求主義」という言葉があります。障害のある子どもは発達可能性が乏しいから教育は最小限しか必要ないと考える立場です。かつて多くの国で障害児教育の理念や政策に反映されてきたと言われています。しかし、障害のある子どもはほんとうに発達可能性が乏しいのでしょうか。その子どもにとってほんとうに教育は無力なのでしょうか。ヴィゴツキーはこの「最小限要求主義」に対して、明確に異議を唱えます。

ヴィゴツキーは障害を二つに分けて考えます。一つは、脳や身体の異常や損傷をさす「**一次的障害**」。もう一つが、活動への参加や他者との共同を妨げられた結果として、思考や人格などの高次精神機能に発達的に引き起こされる「**二次的障害**」です。

たとえば、聴覚障害の子どもに見られる言語発達の遅れは、耳が聞こえないという一次的障害と直接結びついているのではありません。音声言語に代わる交流手段（たとえば手話）が保障されないことで、他者とのやりとりや活動への参加に制限がかかることから生じる二次的障害なのです。

ヴィゴツキーはつづけて述べます。一次的障害は教育的働きかけの力がおよびづらいけれども、二次的障害は他者との共同のあり方によって引き起こされるものなのだから、他者との共同を保障する教育的働きかけによってなくすことができる、と。

そこから導き出されるのは次のような結論です――障害のある子どもは、そのままでは活動への参加が制限されやすい状況にあるからこそ、教育によって活動への十全な参加を保障しなければならない。したがって、障害のある子どもにおいてこそ最大限の教育が必要であり、障害のある子どもこそ教育によってもっとも発達可能性をゆたかにできる存在なのだ――。障害のある子どもの教育実践にたずさわる人が発達を学ぶ意味は、まさにここにあると思います。

## ◆つながりを学ぶ

発達とは、互いに安心していられる関係の中で、一人ひとりが自由をひろげていくことであり、誰もがそれを保障される権利をもっています。人間の発達は、長い進化の過程でつちかわれてきました。発達を学ぶ際には、「**発達連関**」と「**機能連関**」と呼ばれる二つのつながりを意識することがとても大切だと思います。

発達連関とは、発達の過程における時間軸上のタテのつながりのことです。行動Xと行動Yがどのように関係しながら行動Zへと変化していくのかを知り、行動Xの中に行動Zの芽生えを読み取る。行動Xの働きはどのようなバリエーションに発展したあとに、どのように特定の働きに統合されていくのか、そこに存在する法則性を理解するなどがそうです。

機能連関とは、運動、認知、言語、思考、情動といった機能のヨコのつながりをさします。このつながりを抜きにして機能をバラバラに見ていても、発達の全体の姿は理解できません。子どもを理解するには、それらの機能を互いに関連し合うシステムとしてとらえる視点が必要です。

この二つのつながりを意識して発達を学ぶと、子どもの潜在的発達水準を理解しやすくなります。そしてそれは発達可能性を拓く実践づくりの支えになるでしょう。

# 第2章　乳児期前半の発達

# (1) 誕生から生後4か月頃まで

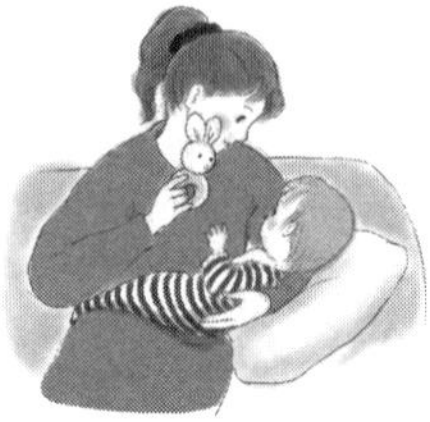

## ◆無力で有能な人間のあかちゃん

その昔、動物行動学者ポルトマンは、ほ乳類のあかちゃんを出生時の状態によって二種類に分類しました。一つは「就巣性《しゅうそうせい》」。まだ目も開かず、移動もできない状態で生まれます。ハムスターやネコを飼ったことのある人は想像しやすいかもしれません。妊娠期間が短く、1回の出産で生まれる子どもの数は多めです。もう一つが「離《り》巣性《そうせい》」。こちらは出生直後から目が開いていて、自分で移動もできます。ウマやサルのあかちゃんがそうです。就巣性に比べて妊娠期間が長く、子どもの数も少なめです。

では人間のあかちゃんはどうでしょうか。妊娠期間の長さや出生数、生まれたときから目や耳が発達している点は、離巣性に似ています。しかし、運動面ではとても無力です。一人で移動できないどころか、首もすわっていません。手を伸ばしてモノをつかむことも、母親にしがみつくこともできません。この点では就巣性に似ています。

このように感覚器官は発達しているけれど運動機能は未発達という、他のほ乳類には見られない独特の状態で生まれてくるのが人間のあかちゃんです。危険が迫ったときに逃げるのも、食べ物を自分の口にもっていくのも、すべてまわりの人に頼るしかありません。でもそのぶん、周囲の大人は手間をかけて世話をします。あかちゃんは運動面では無力でも感覚器官は発達していますから、大人からの働きかけを受けとめ、また自らも表出していきます。人間のあかちゃんは他の動物に較べて、環境への適応能力に富み、高い学習可能性をもって生まれてくるのです。

## ◆原始反射の消失

生まれたばかりのあかちゃんには「**原始反射**」と呼ばれる「脳幹―脊髄性」の**不随意運動**（＝意図とは無関係に生じる動き）が見られます。口元を軽くつつくとその方向に顔を向ける**口唇探索反射**、仰向けに抱えて高度を下げると両腕がワワワーッとひろがったあとにまた元に戻る**モロー反射**などです。

原始反射は中枢神経系の成熟が進み、脳によるコントロールが効くようになるにつれて消えていきます。大半のものは、生後4か月頃までには消失します。それぞれの原始反射の消失は、その反射が起こる身体の部位や動きをあかちゃんが自分で自由に動かせるようになる（**随意運動**ができる）のと、ときを同じくしています。

一般的に消失する時期を越えても原始反射が色濃く残っている場合、脳性麻痺などの可能性が疑われます。原始反射の出現・消失状況をていねいに見ていくことは、障害の早期発見にとって大切です。

## ◆正面の世界がひらける

生まれたばかりのあかちゃんを仰向けにすると、まだ首がすわっていないので頭は左右どちらかを向きます。頭の向いた側の手は伸び、反対側の手は曲がった状態です。足も同じく一方が伸び、他方は曲がっています。仰向けのあかちゃんの写真を、**正中線**（＝頭からお尻まで背骨に沿って描いた架空の線）でパタンと折っても、左右は重なりません。これを**非対称位**と言います。

この時期のあかちゃんは原始反射が活発で不随意運動が多く、両手をふれ合わせることはしません。親指はギュッとてのひらについた状態です。横を向いた顔の前に注意をひくようなモノを示すとたしかに見ますが、モノをゆっくり動かしたときにそれを目で追うことはしません。養育者が上からのぞきこんでも、あかちゃんの顔は横を向いているので、養育者の方があかちゃんと対面するように姿勢を変えて視線を合わせなくてはいけません。あかちゃんにこちらの顔は見えていますが、しっかりとあかちゃんに見つめられているような気分はまだしないでしょう。

それが生後3か月頃になると首がすわってきて、仰向けにしたときに顔が上を向くようになります。非対称位から**対称位**への姿勢の変化です。首を軸にして自分でまわりを見まわすことができ始め、あかちゃんの見やすい場所にモノをぶらさげてゆっくり上下左右に動かすと、それを追うように視線を動かします。手足も左右同じように伸びた状態になり、胸の正面で手と手をふれ合わせます。両手をふれ合わせているときに、親指が少しひらくようすも見られ始めます。自分の手を動かして見つめたり、手に持ったモノを見たりする「**目と手の協応**」が始まるのもこの頃です。

対称位をとれるようになると、人との交流の仕方も変わってきます。仰向け姿勢が安定するので、養育者も長い間働きかけることができます。正面からしっかり視線をとらえ、あかちゃんのペースに合わせてていねいにあやすことで、あかちゃんの中に生まれた人と共鳴する力が引き出されていきます。

## ◆ほほえみの獲得と原初的コミュニケーション

人間はほほえむ動物です。ほほえみは発達の過程で獲得されていきます。生まれてすぐのあかちゃんはまどろんでいるとき、気持ちよさそうにほほえみます。これは脳神経系の活動リズムを反映したものなので「生理的微笑（新生児微笑）」と呼ばれます。

生後3か月頃に正面の世界がひらけてくると、こちらのあやしかけに対してほほえみ返すようになります。人との交流の中で生じるので「社会的微笑」と呼ばれます。これは人間にだけ見られるほほえみです。この時期のあかちゃんは、身近な養育者にかぎらず、初対面の他人や人形の顔にもほほえみます。二つ並んだ目の下に一つの口という顔独特の配置に敏感なようなのです。発達心理学者ファンツは、生後2～3か月のあかちゃんに人の顔の絵と他の模様の絵を同時に示し、あかちゃんが顔の方を好んで見ることを発見しました。人間以外の動物はそもそも好んで目を合わせたりしませんから、顔なるものに対する普遍的な関心は、人間が進化の過程で手に入れてきたものだと考えられます。

社会的微笑が見られ始める頃、機嫌の良いときを見計らってあかちゃんの調子に合わせるように正面からあやしかけると、ほほえみと同時に「ウー、アー」と発声します。それを受けて大人がまたあやしかけ、あかちゃんもそれに応えるように声を出して笑うというように、両者は言葉の代わりに視線や表情、声で交歓するようになります。このように他者との間で互いに行動を調節し合って成り立つ原初的コミュニケーションを「**プレスピーチ**」、それによって両者に共有される世界を「**第一次間主観性**」と言います。

さて生後4か月頃になると、あやされてからではなく、あかちゃんの方から親しい大人を見つめてほほえむようすが見られ始めます。田中昌人さんと田中杉恵さんはそれを「**人知り初めしほほえみ**」と名づけました。この時期を経ると、誰にでもほほえみ返すことは次第に少なくなり、見知らぬ人には笑顔を潜め、親しい人には喜んで笑顔を向ける「**選択的な社会的微笑**」へと移っていきます。

## ◆生後第一の新しい発達の力の誕生

田中さんたちは、「人知り初めしほほえみ」の見られる生後４か月頃に、重要な発達的変化が起こることを発見しました。

この時期のあかちゃんは、安定した仰向け姿勢での活発さがさらに増します。手足を横方向でふれ合わせるだけではなく、縦方向にも動かすようになります。声やほほえみにも力強い能動性が見られ始めます。

そのような活発さが確認されたあかちゃんに、田中さんたちはささえすわりの姿勢をとらせてみました。おすわり姿勢があかちゃんのものになるのは乳児期後半（生後７か月以降）ですから、まだ少し難しい姿勢です。あかちゃんが仰向け姿勢での活動を十分にわがものにしていることを確認した上で、大人が慎重に調整して支えを入れながら、あかちゃんを未来の活動に参加させてあげるわけです（これを「**発達的抵抗をくわえる**」と言います）。

すると興味深いことに、生後４か月の初め頃はささえすわりの姿勢にすると活発さが影を潜めるのに、生後４か月半ばをすぎると仰向け姿勢と同じような活発さが見られるようになるのでした。さらに、発達的抵抗をくわえても能動性が発揮されるようになったあかちゃんは、ほぼ確実に乳児期後半へと発達的な移行をとげるということもわかったのです。

それゆえ、生後4か月半ばに現れるこの発達的変化は、「**生後第一の新しい発達の力の誕生**」と名づけられました。「新しい発達の力」に着目することにより、乳児期前半から後半への移行期に現れる発達上のつまずきは、あかちゃんの求めている援助は何かという視点からとらえ直すことができます。

# (2) 生後4か月頃から7か月頃まで

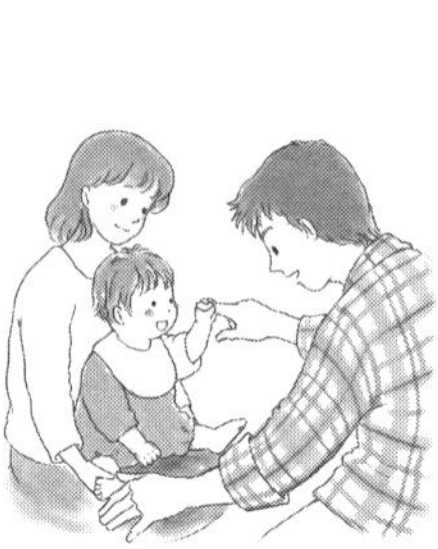

## ◆外界に対する能動性の高まり

「生後第一の新しい発達の力の誕生」は、自分からほほえみかける、泣き声が大きくなる、親指がひらいてモノのつかみ方が変わるなど、外界に働きかける能動的な力強さをともないます。追視(＝動くモノを追って見ること)を例に見ていきましょう。

まず、ささえすわり姿勢のあかちゃんの正面でガラガラを鳴らすと、「みつけた!」と目を輝かせます。そこでガラガラを鳴らしながらゆっくり左右どちらか一方に50センチ以上動かし、再び正面に戻って、もう一方にも同じくらい動かしてみます。

4か月後半になると、途中で視線がとぎれることなくガラガラを追います。そのとき、手をガラガラの方に向けたり、相手を見たりもします。ささえすわりという発達的抵抗をくわえられてもしっかり能動性を発揮して追視するのです。人と気持ちを結んで、「見る」「手を向ける」「ほほえむ」といった内部の機能のつながりが芽生えてきているのが印象的です。

次に、あかちゃんの目の前でネジ仕掛けのおもちゃを動かし、それを正面に置いた白い紙でさえぎります。つまり、あかちゃんの目の前を動いていたおもちゃがいったんついたての向こうに消えて、再び反対側から出てくるという仕掛けです。

最初におもちゃを追っていた視線は、それがついたてに隠れるととぎれます。でも視線がとぎれて終わりではなく、反対側から出てくるとそれを見つけて再び追視します。おもちゃが右から左へ動く場合も、左から右へ動く場合も同じです。一方を見てから別の方も見ることのできるこの力は、のちに6、7か月頃の「見かえる力、見較べる力」へと発達していきます。

## ◆「見る」と「つかむ」がつながる

生後第一の新しい発達の力が誕生したあかちゃんは、機能間のつながりをゆたかにしながら、乳児期後半の扉をひらく準備をしていきます。生後5か月頃のあかちゃんにはそのようすが顕著に見られます。

まず、腰が安定した基点になってきます。たとえば、仰向けにすると手で足を持ちます。手と足の間に新しいつながりが生まれるのです。うつ向けにすると手のひらで床を支えて、胸を床から離し、視線を上げて周囲を見まわします。ささえすわりも軽く腰に手をあててあげるぐらいでだいじょうぶです。手が肩の高さまであがり、５本の指もしっかりひらくようになります。

このように腰がすわってなめらかにまわりを見まわし、指のひらいた手を前方に伸ばせるという土台が整うと、新しい行動が可能になります。見たモノに手を伸ばしてつかもうとする「**リーチング**」です。

これ以前にも手でモノをつかみますが、見たモノに手を伸ばしてつかむのではなく、すでに手にふれていたモノをつかむというやり方に限られています。「つかむ」という運動機能と「見る」という感覚機能の間につながりはありません。それに対してリーチングは、運動機能と感覚機能のつながりによって成り立つ協応動作です。生後第一の新しい発達の力が誕生した頃に、ガラガラを追視しながら手をそちらに向ける姿が見られていました。その機能間のつながりの芽が、リーチングという新しい行動へと発達してきたのです。

また、この時期のあかちゃんは、自分の方から人をジッと見て、声を出して笑いかけたりして、関係をつくっていきます。見知らぬ人には笑顔を潜め、親しい人には喜んで笑顔を向ける「**選択的な社会的微笑**」が現れるのもこの頃です。声にも強弱や高低がついてきて、母音や子音がつながった音節が誕生し、活発さや能動性がますます発揮されてきます。

## ◆乳児期後半への移行① ―立ち直り

こうしたつながりがゆたかになると、乳児期後半への移行の準備万端です。脳の重さが出生時の約2倍にもなる生後6、7か月頃がその時期にあたります。移行がなしとげられたかどうかは、各機能レベルの特徴的な現象でたしかめることができます。

姿勢・運動面の移行のサインは「**立ち直り反応**」です。ささえすわりの姿勢をとらせて体を一方に傾けると、そちらの手で床を支えるようにして、頭をまっすぐ立ち直らせます。仰向けの姿勢にして一方の胸あたりにモノを出し、そちら側の手を押さえてみると、逆の側の手が正中線を越えてモノを取りにいき、また元の姿勢に直ります。足も同じく正中線を越えて反対側にまで伸ばすようになります。いずれも脳による運動のコントロールがかなり進んできた証拠です。

「立ち直り反応」は向きかえや寝がえりへと発展していきます。仰向けの状態で相手の持っているおもちゃにひきつけられ、それを取ろうと反対側の手を伸ばしているうちに向きをかえて寝がえるといったように。実はこんなふうに寝がえりをするのは人間だけで、チンパンジーのあかちゃんはパッとひっくり返って寝がえるそうです。そちらの方が俊敏で便利なようにも見えますが、人間のあかちゃんが必ずじっくり正面を向いてから寝がえるのには発達的な意味があると考えられます。

チンパンジーのあかちゃんの場合は、自分が向きたい方にパッと向きをかえられるので、寝がえりは自分の中で完結した行動です。それとは対照的に、人間のあかちゃんは、あやしてくれる人との関係の中で、モノへの気持ちを十分に高めてもらったすえに寝がえります。人間のあかちゃんの寝がえりは、正面から働きかける人の存在を起点に、その人との共同作業によって達成されていく行動と言えるでしょう。

## ◆乳児期後半への移行②　―持ちかえ

手の操作面に現れる移行のサインは「**持ちかえ**」です。あかちゃんの目の前に興味を引くようなモノを置くと、まず両手で引き寄せて持ち、それを一方の手に持ち、正面でまた両手で持ってから、他方の手に持ちかえるということを繰り返します。これもまた、人間のあかちゃんに特有のやり方です。チンパンジーのあかちゃんの場合は、一方の手に持っていたものを離して、床や地面に一度置いてから、再び別の手で持つそうです。「持ちかえ」というよりむしろ「持つ―離す―持つ」と表現した方がふさわしいかもしれません。

両手づかみを媒介とした持ちかえによって、人間のあかちゃんは表情ゆたかにモノをたぐって引き寄せたり、やわらかいモノを変形させたりします。自分の手でモノの位置や形を変化させる経験が、モノに対するさらなる関心を呼び覚ましていきます。

## ◆乳児期後半への移行③ ―見かえり

認知面の移行のサインは「**見かえり**」です。ネジ仕掛けのおもちゃを使った追視の場面を思い出してみてください。生後４か月頃のあかちゃんは、ついたてに消えたおもちゃが反対側から出てきたら、また見つけて追視していました。生後６、７か月頃のあかちゃんも同じようにしますが、そこからさらにおもちゃが消えた元の場所を見かえるようになります。直前の過去をふり返るかのような行動です。

この見かえりの力は二つのモノの間で何度も視線を往復させる「見較べる」力にも通じています。生後6か月のチンパンジーのあかちゃんと、同じく生後6か月の人間のあかちゃんを比較した興味深い観察報告があります。田中真介さん（京都大学）は、両方のあかちゃんにおすわりの姿勢をとらせて、机の上の手の届かない位置にバナナ（またはミルクを入れた哺乳びん）を置いてみました。するとチンパンジーのあかちゃんは、机をひっかいたり叩いたりするけれども、バナナを持っている人の顔を見ることはありませんでした。それとは対照的に、人間のあかちゃんは、哺乳びんと大人の顔を何度も見較べるように繰り返し見て、ときには大声で泣きもしたそうです。こういう場面に居合わせた大人はきっと、「あらあら、ミルク取ってほしいのね」とでも言いながら、あかちゃんの方に哺乳びんを近づけることでしょう。あかちゃんの「見かえり、見較べ」を、そのようなメッセージであると解釈して。

この時期のあかちゃんは、まだ言葉どころか指さしも使いません。ほんとうに相手に「取って」と伝えようとして視線を使ったのかどうかもはっきりしません。しかし重要なのは、あかちゃんにとって二つの存在（この場合は哺乳びんと人）が分けて認知されており、それに対して周囲の大人が、あかちゃんの中にまるで伝達の意図があるかのように接したという事実です。

人とモノとの間に生じたあかちゃんの「見かえり」を、大人が意味のあるものとして受けとめて対応する。この関係が乳児期後半に言葉の基礎となるコミュニケーション構造を生み出していきます。

# （3）「生後第一の新しい発達の力の誕生」を支える

## ◆夜明け前のシモちゃん

本章の第1節と第2節で、乳児期前半の発達の特徴をお話ししてきました。本節では、障害のある子どもの実践事例を基に、「生後第一の新しい発達の力の誕生」を支える保育・教育について考えていきます。

重度の肢体不自由と知的障害を両方抱えて、乳児期前半の発達世界を生きている子どもたちがいます。病気や事故によって脳に大きなダメージを受けているので、多くの場合、安定した体調を維持するためには日常的な医療的ケアが必要です。医療的ケアによって健康を守りながら、長期間にわたって「生後第一の新しい発達の力の誕生」を支える教育的働きかけがなされています。それは子どもが外界を心地よく感じ取り、外界に能動的に向かえるよう支える取り組みと言えるでしょう。

まず、少し昔の文献・映像資料になりますが、私が初めて学び、今なお鮮烈に記憶に残るシモちゃんの事例を取り上げたいと思います。シモちゃんは、１９６８年に制作された、滋賀県にある重症心身障害児施設第一びわこ学園・第二びわこ学園の療育記録映画**『夜明け前の子どもたち』**に出演している、10歳の男の子です。重度の脳障害を抱えるシモちゃんは、まだ原始反射が残っていて、親指も手のひらにくっついたまま、ほほえみの表情も見られない状態でした。たびたび発作におそわれるため、食事も入浴も寝たままの姿勢でなされ、「寝たきりの重症児」と言われていました。しかし、職員たちは「寝たきり」とはどういうことなのかと問い直します。「寝かされきりは心も寝かされきりになっているのではないだろうか」と。そこから、シモちゃんの心の窓をひらいていく試みが始まります（詳しくは、映画および田中昌人著『講座発達保障への道②夜明け前の子どもたちとともに』、全障研出版部をご参照ください）。

## ◆シモちゃんの笑顔

最初に取り組まれたのは、シモちゃんの「できること」の確認でした。そして職員みんなで、シモちゃんが**「寝た姿勢で覚めていることができる」**ことを見出したのです。私はこの出発点がすごいと思いました。「寝たきり」ではなく「寝た姿勢で覚めていることができる」というふうに見る。「寝たきり」という言葉は、あれもできない、これもできない、寝ていることしかできない、といった引き算の見方です。シモちゃんを外から眺めて評価するまなざしに終始していて、そこからはシモちゃんの今も未来も見えてきません。そうではなく、目の前にいるシモちゃんを「寝た姿勢で覚めていることができる」というふうにとらえる。これこそがシモちゃん側に視点を移す第一歩だったのだと思います。そこから「シモちゃんはどんなふうに外の世界を取り入れているのだろうか」「もっとゆたかに世界を取り入れられるように手助けできないだろうか」という考えが生まれてきます。

職員たちは、無理がないかどうか慎重に見守りながら、仰向けだけでなく、うつ向け、横向き、上体を起こすなどの姿勢を試していきました。それまで仰向け姿勢ばかりでいたシモちゃんに、新しい姿勢という**「発達的抵抗」**をくわえ、その抵抗をどのように受けとめるのかを探っていったのです。乳母車に乗せて山道を揺すって散歩したり、ふだんは伸ばしている足を曲げて抱いてシーソーに乗りギッコンバッタンしたりすると、いつもの仰向けのときよりも手の伸ばし方に変化が見られるようになりました。すなわち、体幹の姿勢に多様性をもたせてみると、手や足などの操作系の身体の動きにも変化が現れたのです。

さらに、手のひらに固くついた親指がゆるむようなさまざまな働きかけを試してみたところ、三拍子のリズムで指先にふれたときにいちばん反応してくれることがわかりました。こうした取り組みを数か月つづけたある日、シモちゃんは手先から伝わってくるリズムに共鳴するように顔をほころばせ、口元をほほえむように動かしたのです。体幹の姿勢に変化をもたらすこと、手足など操作系の身体の動きに多様性をもたせること、指など末端の身体へ心地よい刺激をあたえること。それらのていねいな積み重ねの上に、ほほえみという**能動的な情動**が引き起こされたのでした。

## ◆発達はどこから来るのか

映画の中では、シモちゃんの笑顔について「笑顔とみるのは、もしかしたらまちがいかもしれない。だが先生たちに笑顔は確かに貯えられた」と語られていました。それくらいかすかなほほえみだったのです。そして繰り返される発作により、そのほほえみの土台は再び崩されてしまいます。シモちゃんの抱えている障害は重く、実践の道程もたいへんなものでしたが、私たちはこの実践事例から、発達と教育の関係について大切な真実をくみ取ることができます。

実はシモちゃんへの教育的取り組みを始めるにあたって、職員たちの間で討論がなされたそうです。「発達する力があるかどうかもわからないのに、安静をやめて体調でも崩したらたいへんだ。それにもし発達する力があるなら、安静にした状態の方が力を発揮するはずだ」という意見と、「誰でも生きている以上、その発達にとって必要な（モノや人を含んだ世界との）関係があるはずだ。教育がそれをつくりだすのだ」という意見のぶつかり合いです。そして、議論の末に、職員たちは後者の立場を選び取っていくのです。

ここで二つの立場を発達論に沿って整理してみましょう。前者の立場は、発達は人間の内部の条件が整ったら自然に生まれてくるものだと考えます。これを成熟説と言います。教育の役割はそれほど重視されません。それに対して後者の立場は、教育によってその子どもに必要な活動（人間関係やモノとの関係）が用意されたときに発達はつくりだされると考えます。まさに第1章で取り上げた最近接発達領域の考え方です。

シモちゃんは言葉や身ぶりを使って何かを伝えはしません。手を伸ばしてモノをつかむ、相手に笑いかけるなど、自分の身体を使って外の世界に働きかけることも難しい状態です。一見すると、教育が無力であるように感じられるかもしれません。でも事実は逆で、重い障害があるからこそ、シモちゃんと外の世界との出会い方をゆたかにし、シモちゃんの中に新しい活動の芽を育てるためには、教育的働きかけが必要不可欠だったのです。**発達は他者とのつながりから生まれる**ということを、シモちゃんの事例は教えてくれています。そしてまた、シモちゃんの存在自体が大人たちの発達をつくりだす教育的働きかけであったという事実も、しっかり記憶しておきたいと思います。

## ◆外界への能動性を育てる

もう一つの事例を見ていきましょう。保育園で育ったとも君です。保育士の近藤喜代美さんが実践をまとめておられます（白石恵理子・松原巨子ほか編著『障害児の発達と保育』、クリエイツかもがわ）。とも君も重い障害を抱えて乳児期前半の発達世界を生きている子どもです。

療育施設を経て保育園に入園してきたとも君に対して、まず生活の中に静と動を意識的に取り入れ、スキンシップや笑顔を引き出すための働きかけを始めました。笑顔はなかなか見られないものの、保育者がいなくなると泣いたり、抱いてもらうと泣きやんだりして、とも君の意思らしきものがだんだん読み取れるようになってきたそうです。そして体調が安定してきた時期に、揺さぶりや寝がえりの姿勢をとらせると、笑ったり、呼びかけに対して口を開けたりするようになりました。このようにとも君の事例とシモちゃんの事例には、「生後第一の新しい発達の力の誕生」を支える取り組みの共通性が多く見出せます。

とも君の実践事例では、いつも先生たちがとも君の目の高さで、彼の気持ちになって保育を見直しているのが印象的です。とも君の姿勢を変えるときや、食事や遊びをするとき、正面から目を合わせてしっかりと声をかける。とも君の反応を待たずにせっかちに働きかけすぎていないか自省する。とも君が活動に手応えを得られているかどうかを何より重視しているのです。そうやってとも君のペースを大切にしながら他者との共感関係を積み上げていく中で、とも君はまわりの音や景色を能動的にとらえていくようになりました。最初は不快に感じていた友だちの声が心地よいものへと変わっていき、一人よりも友だちが近くにいる方が、活発でいきいきした表情を見せるようになったのです。

子どもの外界の取り入れ方を理解し、手応えの感じられる活動や環境を用意することが、その子の能動性の育ちにつながっていく。それは個別療育でも集団保育でも同じようです。

# 第3章　乳児期後半の発達

# (1) 生後7か月頃から10か月頃まで

## ◆乳児期後半 ―新たな自由へ

生後6、7か月頃から1歳半頃までを乳児期後半と呼びます。一日の中でまとまって目覚めている時間が長くなり、生活リズムの土台が整ってきます。この一年ほどの間に、脳の神経ネットワークの形成や大脳の成熟を背景として、あかちゃんは新たに大きな自由を手に入れていきます。

一つめは**移動の自由**です。乳児期前半は仰向けやうつ向けが基本姿勢でしたが、乳児期後半は坐位(おすわり姿勢)を好むようになります。もう大人の支えは必要なく、一人でしっかり坐位がとれます。はいはいも始まります。坐位からはいはいへ、はいはいから坐位へと姿勢を変え、自分の行きたいところに行けるようになるのです。そして、つかまり立ち、支え歩きを経て、乳児期後半の終わり頃には、立って移動できるようになっていきます。

二つめは**手の操作の自由**です。坐位がしっかりしてくると、手を床につかなくても姿勢を維持できるようになります。そうやって自由になった手で、モノをあつかい、探索していきます。

三つめは**要求の自由**です。はじめは泣いて要求していたのが、手さしや指さしをしながら「アッ、アッ」と声を出す要求へ、やがては「マンマ」「ニューニュー（牛乳）」など言葉を使った要求へと発展していきます。相手からの言葉の指示もわかり始め、乳児期後半の終わり頃には言葉がコミュニケーションの手段になっていきます。

## ◆向かう力のひろがり

生後7か月頃から10か月頃は、さまざまな側面において**志向性**（向かう力）が見られ始める時期です。働きかけや環境づくりを工夫することによって、志向性の芽は伸びていきます。はいはいは目標に向かって進もうとする行動です。あかちゃんを腹ばいにして、30センチほど離れたところに音の出るおもちゃや目新しいおもちゃを置くと、前に進んで取ろうとする気持ちがふくらみます。その際に、あかちゃんが見つけたモノを自分で取れるよう、大人が先取りせずに待つことも大切です。

また脳の成熟により、左右の手を同じような水準で使えるようになります。乳児期後半に入ったばかりの頃は、モノをつかんで自分の方に引きつけるやり方が主ですが、生後9か月頃には、つかんだモノを離すことができるようになります。引っぱる、振る、落とす、打ちつける、いじる、持ちかえる、入れる、渡すなど、さまざまな操作をとおして、モノの性質や物理的法則を探索します。あかちゃんの旺盛な好奇心は、色、重さ、硬さ、音、手触りを工夫したおもちゃによってさらに引き出され、充実した探索活動が展開されます。

向かう力は音声にも現れてきます。以前までは「アー」「ウー」「クー」といった音声が優勢でしたが、「マンマンマン」「ナンナンナン」など同じ音をつらねる**喃語**が力強く発声されるようになります。

## ◆モノを媒介としたコミュニケーション

乳児期前半のあかちゃんと大人の間では、見つめ合ってほほえんだり、相手の声の調子に反応して発声したりする、共鳴的なコミュニケーションが活発に行われていました。向き合った相手の身体（表情や音声）に反応し合う情緒的交流です。ところが生後8、9か月頃以降、そのような対面的情緒的交流から一歩踏み出して、大人との間でモノを媒介としたコミュニケーションが増えていきます。これを「あかちゃん―モノ―大人」の**三項関係**と呼びます。

三つの項のうち、あかちゃんと大人を媒介する「モノ」には、ジェスチャー（動作・身ぶり）、物、言葉などが含まれます。三項関係の成立は、意図の発生や自己の発達と結びついているほか、言葉を使ったコミュニケーションの土台になると考えられています。では三項関係に基づいたコミュニケーションの具体例を見ていきましょう。

## ◆三項関係① ―動作や音声を手段にする

あかちゃんは生後8、9か月頃から、自分の動作や音声が相手に対してシグナル（信号）として働くことを知り、積極的に使うようになります。たとえば、手が届かないところにあるおもちゃがほしいとき、おもちゃのある方向に手を伸ばしながら、大人の方に援助を期待するような視線を向けたりします。

それ以前の時期には、ほしいおもちゃの方に手を伸ばしはしても、「伸ばしながら大人を見る」ことはしません。おもちゃに手が届かず、突っ伏して泣くだけでした。すなわち、手を伸ばすという動作は、あくまでもその子どもとおもちゃ（モノ）の間の関係においてのみ機能していたのです。その二者間の関係の中に他者は介在していませんでした。

それとは対照的に、新しく出現した「おもちゃに手を伸ばしながら大人を見る」という行動は、自分の意図を実現するために自分の動作を手段的に使って、他者とモノを結びつける行動だと言えるでしょう。

## ◆三項関係②　―役割を交替する

生後9か月頃から12か月頃までの間に、モノを媒介として相手と役割交替できるようになります。たとえば、相手が転がしてきたボールを受け取るだけではなく、自分も相手に向かってボールを転がそうとします。ボールを媒介とした「転がす―受け取る」の役割交替です。また、食べ物を相手に食べさせてもらうだけではなく、自分から相手の口に持っていって食べさせようとします。食べ物を媒介とした「食べさせる—食べさせられる」の役割交替です。

相手の身体の動きと同じ型を自分の身体でもやってみるのですから、これは**模倣行動**と言えるでしょう。ただし、相手の動きと同時的・共鳴的に起こる模倣ではありません（同時的・共鳴的模倣の代表例は、新生児の舌出し模倣や表情模倣です）。相手が能動のときには自分が受動、自分が能動のときには相手が受動というように、それぞれの動作の間にタイムラグがある上に、互いに役割を補い合わなければ成り立たない模倣です。この種の模倣では、他者の身体の動きに他者の目的や意図を読み取った上で、それを自分の身体に同じように置き換えるという、高度なことが必要となってきます。

## ◆三項関係③ —視線と指さしを追う

同じく生後9か月頃から12か月頃にかけて、あかちゃんは他者と注意を共有できるようになります。それを**共同注意**（ジョイント・アテンション）の発生と言います。

共同注意の一つに、相手の視線や指さしを手がかりにして相手が注意を向けているモノを見る行動（**視線追従・指さし追従**）があります。私たちは日常生活の中でごくふつうに指さし追従をしますが、まだ共同注意が発生していないあかちゃんに指さしをして見せると、指をさした先ではなく、こちらの顔か指そのものを見ることでしょう。しかし、あらためて考えると不思議です。なぜ私たちは人差し指から離れた場所に注意を向けることができるのでしょうか。その発達的ベースには、先ほど述べた役割交替模倣に見られるような、相手の身体の動きの意味を自分の身体に重ね合わせて理解する**同一化機能**があると考えられています。

## ◆三項関係④ ―指さし行動

視線追従・指さし追従が相手の注意を追って共有する行動だとすれば、あかちゃん自身の指さし行動は、相手の注意をひいて共有しようとする行動です。これも生後9、10か月頃から出現し始めます。

指さしはその機能によっていくつかに分けられます。まず**志向の指さし**です。自分が見つけたものに対して手さしや指さしをすることによって、自分の感動や興奮などの情緒に相手を巻き込み、相手にも同じモノを眺めさせる働きをします。次に**要求の**

**指さし**です。自分の要求に基づいて、ほしいモノや行きたい方向を指さすというもので、明確な指示機能をともなっています。

また、1歳近くになると、**定位の指さし**（**叙述の指さし**）も見られ始めます。絵本や状況を「これは○○だね」「同じね」とでも言わんばかりに、指さしによって相手に伝えようとするようになります。言葉はなくとも、指さし行動がほぼ言葉と同じような働きをするので、親しい大人にはあかちゃんの指さしの意味が伝わります。

これらの指さし行動が見られるようになると、それとときを同じくして、あるいはやや遅れて、**初語**（**初めての有意味語**）が出てきます。このことからも、言葉でのコミュニケーションの基礎には三項関係があることがわかるでしょう。**三項関係の成立**は、**人間に特有の革命的な発達的変化**であり、幼児期への飛躍へとつながっていきます。

# （２）生後10か月頃から１歳前半頃まで

## ◆生後第二の新しい発達の力の誕生

前節でお話ししたように、「あかちゃん―モノ―大人」の**三項関係**の成立は、意図の発生や自己の発達とも結びついて、言葉を使ったコミュニケーションの土台となります。生後10か月頃は、この三項関係に基づいたやりとりや自己の発達と関連して、ほかにも重要な発達的変化が見られる時期です。それらをあわせて「**生後第二の新しい発達の力の誕生**」と呼びます。

生後４か月半ばの「**生後第一の新しい発達の力の誕生**」が、乳児期前半から後半への発達的移行をとげる源の力であるのと同じく、生後10か月頃の「生後第二の新しい発達の力の誕生」は、乳児期後半から幼児期への発達的移行をとげる源の力となります。具体的に見ていきましょう。

まず、あかちゃんの名前を呼ぶと、自分が呼ばれていることがわかって、はにかんだり手をあげたりします。お母さんなどいちばん身近な養育者だけではなく、それ以外の人からの言葉かけにも応えようとする姿が見られます。三項関係のうちの「大人」の項が、特定の人に限らず普遍性をもち始めているきざしです。

また、両手に持った積み木を正面で合わせたり、机の上に押しつけたり、器の中に入れようとしたりします。位置を定めてモノとモノを合わせようとする「**定位的調整**」です。まだうまくはできませんが、「ちょうだい」と言われて渡そうとする姿にも、人に対してモノを合わせようとする定位的調整の力が発揮されています。

さらに、言葉で言われたことに応えて自分からモノを使ったり、動作を模倣したりし始めます。「チョチチョチ」「アババ」「オツムテンテン」などの手遊びや、「コンニチハ」「バイバイ」など、あいさつの身ぶりにも興味をもつようになります。

第2章第2節で紹介したついたての課題（あかちゃんの正面に置かれたついたての向こう側を、ネジ仕掛けのおもちゃが一方から入り他方から出てくる）では、それまでとはちがった反応をするようになります。

生後6、7か月頃には、ついたてから出てきたおもちゃを見てから、おもちゃが入っていった元の場所を振り返っていました。それが生後10か月頃には、おもちゃがついたての影に隠れるとすぐに、おもちゃが出てくる方向を待ちかまえて見るようになります。見通しをとらえて予期する力の芽生えです。

## ◆模倣と意図理解

**模倣**は「生後第二の新しい発達の力」の重要な側面です。乳児期後半における模倣行動の出現は、自他の理解の発達と深く関係しています。生後6、7か月頃からすでに、あかちゃんと大人との間で模倣に似たやりとりが見られます。たとえば、あかちゃんが両手で机を叩く隣で、大人が「バンバンバン」と言いながら同じように両手で机を叩くと、それを見たあかちゃんが満足そうにさらに机を叩くといった具合です。あかちゃんと大人のかかわりをよく見てみると、大人がとても頻繁に子どもの模倣をすることに驚きます。

大人による模倣は、子どもに自分の行為を見つめる機会、そして自分の行為の結果と同じ結果を引き起こす、他者の存在に気づく機会をあたえます。

生後10か月頃からは、ボールを「転がす—受け取る」、食べ物を「食べさせる—食べさせられる」といった役割交替の遊びをするようになります。このとき子どもには、大人を模倣する明確な意思はないかもしれません。しかし、「能動―受動」の役割を互いに取り合うことによって、相手の身体と自分の身体が同じ型であることを感じ取り、相手が意図をもった存在であることに気づいていくのです。

そして1歳頃から、子どもはさかんに大人の模倣をして、大人がやっていることを自分でもやってみようとするようになります。たとえば、大人が携帯電話で話しているのを見て、同じように携帯電話を自分の耳にあてようとしたり、大人がバチで太鼓を叩いているのを見て、自分も叩くまねをしたりします。模倣を含んだ手遊びをさかんにやってみるのもこの頃です。これらの模倣行動は、相手の行為の意図に対する理解をさらに発達させます。

人間にとって模倣行動は、自分が生きる文化や社会の意味を理解する助けになります。たとえば、子どもは大人(年長者)がミニカーのタイヤの部分を床につけて前後に走らせているのを見て、自分も同じようにやってみます。おもちゃのトンカチで積み木を叩くのを見て、トンカチの柄を持って積み木にあてようとします。

ミニカー(車)もトンカチも、私たちの文化・歴史の中でつくられてきたモノ(人工物)で、それぞれ意味と機能をもっています。子どもはそれがどのようにあつかわれるべきモノなのかを、それに対する他者の行為を見て取り入れることによって学んでいくのです。

## ◆「ふり」の発生

1歳前後から、子どもは**「ふり」**行為をするようになります。たとえば、空《から》だとわかっているコップを口に持っていって飲むふりをする、絵本に描かれているイチゴをつまんで食べるふりをするなどです。目の前にいる大人の行為の模倣としてではなく、自発的に行います。

実際に飲んだり食べたりするわけではないので、これらの行為は実用的ではありません。そのモノにふさわしい動作をとることによって、それが「飲み物（を入れる食器）」「食べ物」であることを表しているのです。その意味では**「ふり」は身ぶりことば**と言ってもよいでしょう。しかし、この時期の子どもにはまだ自分の動作が何かを表している（身ぶりことばの機能を果たしている）という自覚はありません。自分の「ふり」の動作が何かを表すということを知って意図的に使うようになるのは、1歳半過ぎ頃からです。

## ◆「つもり」の発達

1歳頃から模倣行動をとおして相手の行為の意図の理解が進むと同時に、喜んでいる、怒っている、悲しんでいるなど、相手の表情の意味もだいたいわかるようになります。他者の意図の理解の発達は、自分の意図の発達と密接につながっています。

そしてこの時期から、いわゆる「つもり」が生まれてきます。たとえば、自分でミカンをお皿から取りたかったのに、お母さんが（もちろんまったくの親切心から）ミカンを取ってあげたものだから、激しいかんしゃくを起こしてその場をグチャグチャにしたりします。

ミカンを食べたいという直接的な欲求よりも、ミカンを自分で取って食べるという意図の実現の方が、子どもにとっては大事になってくるということです。大人にしてみれば、「え？ そんなことで？」「そんなつもりだったなんて知らんよ…」と言いたいところですが、この「つもり」の出現は、やりたい気持ちやできる喜びの元になる、とても大切な発達の経過です。

## ◆「〜ダ、〜ダ」の直線的エネルギー

このように1歳過ぎから子どもの意図（つもり）や要求は次第にはっきりしてきます。大人ができるだけ子どもの意図や要求を理解して最大限尊重したとしても、もちろんゆずれないラインはありますから、子どもは自分の意図（つもり）や要求がとおらない事態に直面します。そのようなとき1歳前半の子どもは、すごいエネルギーで自分の要求や意図をまっすぐぶつけ、激しく泣き怒ります。田中昌人さんはこれを「だこね」と呼びました。相手との間で要求や意図の調整をすることなく、「〜ダ、〜ダ」と自分の要求を直線的にぶつけるからです。

ところが1歳半を過ぎる頃から、この激しい「だこね」に変化が見られ始めると言います。相手の要求や意図をより正確に把握し、自分の要求がとおらないからといって泣き怒るだけでなく、はっきり拒否する、あるいは部分的に肯定するなど、相手との間で気持ちの調整ができるようになります。ただ「〜ダ、〜ダ」と直線的に要求をぶつけるのではなく、「〜デハナイ、〜ダ」と相手との間で意図を調整しながら気持ちをふくらませることができるので、この姿は「だだこね」と呼ばれています。

「生後第二の新しい発達の力」の一つである定位的調整は、1歳過ぎ頃から定位活動へと発達し、器の中にモノを入れる、相手にモノを渡すということが確実にできるようになります。そこに「～ダ、～ダ」という直線的なエネルギーが加わって、子どもは一つのことをつづけてやりとおすようになります。たとえば、積み木をあるだけ器に入れきったり、どんどん先に歩いて行ったりする姿が見られるでしょう。大人にとっても根気と体力が必要な時期ですが、この直線的なエネルギーの発散が子どもの手応えとなり、さらに目標に向かおうとする力を子どもの中に育んでいきます。

# （3）乳児期から幼児期へ〜1歳半ば頃

## ◆他者の意図の理解

第1節と第2節では、乳児期後半、概ね生後6、7か月頃から1歳前半頃までのお話をしてきました。さて1歳台は乳児期から幼児期への移行期にあたります。とくに1歳半ばは、発達上の変化が目立つ時期なので、「**発達の節**」と呼ばれています。さまざまな側面に現れるその変化を具体的に見ていきましょう。

1歳過ぎから自分の意図（つもり）や要求がはっきりしてくるとともに、それがとおらない事態に直面することも増えてきます。1歳前半頃は、相手の意図や要求と対立したとき、あくまで自分の意図や要求を押し通そうとするか、それが阻まれて気持ちが崩れ、なかなか立ち直れないかのいずれかでした。ところが1歳半ば頃から次第

に様相が変わり始めます。相手が必ずしも自分と同じ意図や要求をもっているわけではないことを理解し、相手との間で意図の調整をする余地が生まれてくるのです。

関連するおもしろい実験があります。実験者である大人は子どもの目の前で、子どもの好物をとてもまずそうに、子どもの苦手な食べ物をとてもおいしそうに食べます。そして「もっとちょうだい」と子どもに向かって手を差し出し、子どもがどのような反応をするかを見ます。すると1歳2か月児は、相手がまずそうに食べているにもかかわらず、自分の好物を渡しました。しかし1歳6か月児の多くは、それとは対照的に、自分の苦手な食べ物（相手がおいしそうに食べている方）を渡したのです。

つまり、1歳2か月児が「自分の好きなものは相手も好き」と思っているフシがあるのに対し、1歳6か月児は自分の好みと相手の好みがちがうこともあり得ると理解した上で、相手のようすから好み（意図）を正しく推論できるようなのです。「～ダ、～ダ」と直線的に要求をぶつける「だこね」から、相手の要求や意図を把握して相手との間で気持ちの調整ができる「だだこね」への進化の背景には、このような**他者の意図の理解の発達**があると考えられます。

そして、その発達を支えるものは、日常生活における他者との関係性や、やりとりの積み重ねです。大人が子どもの意図を理解した上で、大人側の意図も示しつつ、相互の意図を調整しようとする。そうした経験に自然に巻き込まれることにより、子どもの自我はゆたかになっていきます。

## ◆切り替えと調整

1歳半ば頃に見られる重要な発達的変化の一つが、**行動の切り替えと調整**です。わかりやすい例が「はめ板課題」でしょう。まず、○△□の型がくり抜かれた長方形の板を子どもの前に置きます。そして○の穴にぴったり合う円板を子どもに渡して、入れるよううながします。すると子どもは定位活動の力を発揮して、躊躇なく円板を○型に入れます。さて、ここからです。今度は長方形の板を180度回転させて子どもの目の前に置き、再び円板を渡します（回転させたので、今度は円板の近くに□型の穴が来ています）。

1歳前半頃の子どもは円板を□型の穴にしきりに押しつけて入れようとします。入らなかったらあきらめます。「～ダ、～ダ」とでもいうかのように行動が直線的・衝動的です。でも1歳半ば頃になると少しちがってきます。いったん円板を□型の穴に置いて、入らないことがわかったら、○型の穴の方に目をやって円板を入れようとします。そこには「こちらデハナイ、そちらダ」といった行動の切り替えが見られます。さらには、あらかじめ目で穴の形と位置を確認し、円板を□型の穴に置くことなく、スムーズに○型の穴に入れるようにもなります。行動に移す前に、頭の中で「こちらデハナイ、そちらダ」という切り替えを行っているのです。このように次第に直線的・衝動的な行動は影を潜め、**「～デハナイ、～ダ」という調整の「間」を含んだ行動**になっていきます。

## ◆目標をとらえ過程を楽しむ

細やかな調整の「間」が織り込まれることによって、日常生活のさまざまな場面や遊びの中に、目標や見通し、そして達成の喜びが見られるようになります。たとえば、散歩では立ち止まってよく見る、さわる、後戻りするなど、ゆたかな道草をします。積み木に手を添えて調整しながら高く積もうとし、崩れてもまた挑戦し、積みきったら満足そうに眺めたりもします。スプーンやスコップなどの道具を積極的に使おうとするのもこの頃です。

ところで、よく考えてみれば、子どもが道具を使おうとすることは不思議に満ちています。手だけでは届かない場所のモノを取る必要があるならいざしらず、人間の子どもはそうではない状況でも道具を使おうとするのですから。手づかみで食べる方が確実なのに、わざわざスプーンを使おうとする。手で砂をつかむ方が簡単なのに、スコップでこぼしながら砂をすくう。もちろん最初は大人が手助けをしながら使用をうながすのですが、励まされながら道具を使っているうちに、子どもはモノと自分をつなぐ道具を調整しながら使うこと自体に、おもしろさを感じ始めるように見えます。

## ◆言葉の世界へ

1歳半ば頃は、言葉の発達の面でも大きな変化が見られる時期です。子どもは記号の機能に気づき始めます。**記号とは「意味するもの—意味されるもの」の関係**のことです。つまり、あるモノXによって他のモノYを表すことができるという関係です。言葉は記号の最たるものです。たとえば、「リンゴ」という音声がある特定の食べ物を表すように、一連の音声でもってさまざまなモノやふるまいを表すことができます。本来は関係のない音声と対象を結びつけて自由度の高い表現をするので、記号の中でも**言葉は象徴（シンボル）**と呼ばれます。

乳児期後半に成立する三項関係を基礎として、**要求の指さしや定位（叙述）の指さし**が現れるということは、すでに述べました。それに加えて1歳半ば頃には、さらに新しい機能をもった指さしが見られるようになります。「**可逆の指さし**」です。相手から「～はどれ？」と尋ねられ、数あるモノの中から選んで答えるので、「**応答の指さし**」とも言います。相手の示した言葉が意味するモノを、「～デハナイ、～ダ」という思考をくぐって確定し伝えるのです。この可逆の指さしができるようになるのは、象徴（シンボル）としての言葉の機能を理解したしるしです。言葉がコミュニケーションの主役になり、個人差はあっても、遅かれ早かれ爆発的な語彙の増加期を迎えます。

## ◆見立て遊び

この時期から見られ始める**見立て遊び**も、象徴（シンボル）を使った活動の一つです。たとえば、長方形の積み木を車に見立てて前後に動かす、お皿に盛った砂をご飯に見立てて食べるふりをするなどです。もちろん実際は、積み木は車ではないし、砂もご飯ではありません。しかし、本来はそれでないモノをそうであるかのようにあつかうことによって、積み木で車を、砂でご飯を表している（意味している）のです。

子どもはそれを他者との間で展開します。砂を盛ったお皿を大人に差し出し、大人が食べるふりをするのを見て喜んだり、あるいは逆に大人に差し出された砂を食べるふりをしてにっこり笑い合ったりします。記号的関係を相手との間で共有して楽しむのが見立て遊びです。本来のモノY（車、ご飯）とは無関係のモノX（積み木、砂）を、あたかもYであるかのようにあつかうことによって、他者との間でYについてのイメージを共有するのです。

## ◆自分のひろがりと世界のひろがり

活動の範囲と内容がぐんとひろがり、本格的に言葉でのコミュニケーションの世界に足を踏み入れると、人やモノとの関係がますますゆたかになります。それとともに、自分でやりたいと主張する**自我が誕生**してきます（私には少し年の離れた妹がいますが、この年齢時期、ことあるごとに「ジンデ！（自分で！）」と主張していたことが思い出されます）。実際にはまだ自分ですることは難しくても、自分で選び、取り組む主体となることを望むようになるのです。

誕生した自我は、主役となる場をあたえられて拡大していきます。気持ちが崩れた場面でも、「どっちにする?」と選ぶ主体になる場を用意されて自我を発揮できれば、時間はかかっても、気分を転換して立ち直っていきます。

また、他者の意図を理解するがゆえに、新しいことに取り組むときに慎重になります。お気に入りのモノを抱える姿が見られるようになるのもこの頃です。ひろがる世界に足を踏み入れる「**心の杖**」です。むやみに取り上げるのではなく、それが子どもの心の動きにどのような役割を果たしているのかを見ていくことが大切だと思います。

# （4）「生後第二の新しい発達の力の誕生」を支える

## ◆意味の世界へ

本節では、乳児期後半から幼児期への移行までの発達過程をふり返りつつ、とくに障害ゆえの困難にチャレンジしている子どもに焦点をあてて、その発達を援助する保育・教育について考えたいと思います。

この時期に子どもは、大人（他者）に導かれて、自分を取り巻く意味世界に足を踏み入れていきます。それを可能にするのが三項関係、すなわち**「子ども」が「大人（他者）」との間で「モノ（事物や出来事や経験）」を共有する関係の成立**です。代表的なものに共同注意行動があります。「きれいなお花だね」と指された方向を見る、あるいは自分でお花を指して「（お花だよ）」とでも言わんばかりに大人を見るなどです。

このとき子どもは、対象に対する注意を他者と共有するだけではなく、対象に対する他者の向かい方（態度のようなもの）も自分の中に取り込んでいます。お花を眺めて愛でる。そのお花の葉っぱについている芋虫には身震いをして怖がる。並べた積み木を電車に見立てて動かす。大人はさまざまな意味づけをしてモノに接します。そしてその意味の世界に子どもを巻き込みます。子どもは三項関係を土台としたやりとりをとおして、モノの名前と意味、それが安全なモノなのか危険なモノなのか、どうやって使うモノなのか、どういう価値があるモノなのかを学んでいくのです。

## ◆大人から得る安心と承認

三項関係には**社会的参照行動**も含まれます。よくわからない状況に出会ってどうしたらよいかわからないとき、身近な大人の顔を見て判断する行動です。たとえば得体の知れないモノに出会ったら、子どもは躊躇してお母さんの方を見ます。そしてお母さんが笑顔だったら、安心してモノに近づく。恐れて顔をしかめていたら、近づかずに遠くで眺めるだけにする。こうして子どもはモノに対する大人（他者）の態度をとおして意味を理解し、自分の不安な感情を落ち着かせ、そのモノに向かう行動を調整していきます。子どもにとって世界は未知のモノであふれています。それらの意味を、この世界で先に生きてきた大人（他者）をとおして一つひとつ知っていくのです。

また、子どもが自分のしたことについて大人（他者）に承認を求めるような視線を向けるのも、三項関係に基づいた行動です。たとえば、積み木を高く積み上げて満足げな表情で大人を見る。「○○はどれ？」と問われ、相手の顔を見て指さしで応える。これらは自分のしたことの意味を他者と共有しようとする行動であり、「すごいね」「そうだね」と承認されることによって、たしかな経験として蓄積されていきます。「もっとしたい」「自分がしたい」「自分でしたい」という自我は、このような他者との関係をとおして育っていきます。

## ◆三項関係が成立しづらい子どもたち

このように子どもにとって三項関係は、意味の世界に誘導し自我の発達を下支えする重要な役割を果たします。三項関係が成立する前提には、大人（他者）との二項関係があります。乳児期前半にあかちゃんは大人と見つめ合い、笑顔を交わし合い、表情や仕草を共鳴させていました。そして「生後第一の新しい発達の力」の誕生を経て乳児期後半になると、身近な特定の大人との結びつきが強くなっていきます。その特定の大人と一緒に対象を眺める構図が三項関係のはじまりです。しかし、障害ゆえに三項関係の成立に困難を抱える場合があります。たとえば、自閉症の子どもは他者と視線が合いにくい、共鳴動作が少ないなど、原初的コミュニケーションにぎこちなさをもっていることが指摘されています。

通常の発達の場合、原初的コミュニケーションを基に特定の他者が形成され、その特定の他者に頼るかたちで、三項関係をとおしてモノの意味やそれへの態度を学んでいきます。自閉症の子どもはその特定の他者の形成に大きなハンディを抱えているため、活動の手応えを他者と共有したり、他者に導かれてモノの意味を学んだりする経路がふさがれてしまうようなのです。他の人には理解しづらい独特な行動を繰り返したり、強いこだわりをもったりする原因の一つはそこにあります。

## ◆新しい経路をひらく

では三項関係の成立に困難を抱えている場合に、どのような援助的かかわりが考えられるでしょうか。多くの実践が示しているのは、モノに対する子どものかかわりを大人が受けとめて寄り添うという方法です。

たとえば、排水溝に葉っぱを落とし続ける、器から水を繰り返しこぼして眺める、ミニカーを並べつづけるなどの、「こだわり」行動があります。その行動の多くは他者を巻き込まず、子どもとモノとの間で閉じたループができあがっているように見えます。通常の遊びのようにやりとりがひろがっていくきっかけが見あたらず、どう介入したらいいのか悩むことも多いでしょう。

そのようなとき、大人にとって意味が見えづらい「子ども―モノ」の関係を、つい強制的に断ち切ったり無理に変えたりしたくなります。しかし、むしろ「子ども―モノ」の関係に大人の方から歩み寄ってじっくりつき合うことで、結果的に「子ども―モノ」の閉じたループが少し開かれる可能性が生まれるようです。たとえば、隣で同じようにこぼれている水に関心をもち、それをこぼしている他者に目がいく。こぼすための水を絶妙のタイミングで渡してくれる他者に、もっと水がほしいと要求するなどです。そのやりとりの中で、少しずつ「子ども―モノ」の関係にバリエーションが生まれてくることもあるでしょう。

通常の場合、三項関係は特定の他者の形成からはじまり、その他者をとおしてモノの意味を学んでいく経路が成立します。しかし上述の例は、それとは別の経路、すなわち、自分とモノの関係をとおして特定の他者が形成されていく可能性を示しているのではないでしょうか。

## ◆自我をはぐくむ ―生活の主人公に

「自分もしたい！」「自分でしたい！」「やった（うれしい！）」「もっと挑戦したい」…私たちがさまざまな人や活動に出会い、日々の生活に主体的にかかわり、手応えと喜びを感じるとき、根底にはこのような心の動きがあります。自我の誕生はそういう心の芽生えです。障害のあるなしにかかわらず、発達的に1歳半ばの節を迎える過程で自我をはぐくんでいくことが、保育・教育の重要な課題となるでしょう。

**自我は子どもの中から自然に芽が出て育つものではなく、その発達には他者の存在が必須**です。他の子どもがやっていることを見て「おもしろそうだな」と思う。その瞬間を逃さずに大人が誘いかけてくれる。相手と一緒に取り組んで楽しさを共有する。大人から「できたね」「やったー」と言葉で共感してもらって行動をしめくくる。そのような関係の中で、子どもの自我は育っていきます。また、相互作用の起こりやすい小集団の維持、ゆったりとした時間設定、見えやすい空間配置などの工夫も、自我の発達を支える保育・教育の環境構成に欠かせません。そうした取り組みの中で、子どもは特定の他者に限らず、新しい多様な相手を三項関係の他者として受け入れられるようになります。この三項関係の普遍化は、１歳半ばの発達の節の重要な側面です。

## ◆「イヤ」行動へのかかわり ―共感を支えに

自我の発達の過程では、「だこね」や「だだこね」、あるいは何がイヤなのかわからないけれど拒否するというものも含め、「イヤ」行動がよく見られます。ときには近くの人を叩いたり物を投げたりもします。その背景には、自分の意図が出てくるがゆえに相手の意図とぶつかってしまう、自分の意図をまだ言葉でうまく表現できない、自分でやりたい気持ちがあるのにそれを発揮する場がないなどの理由があります。また、イヤが長引くうちに気持ちが崩れて、もはや何がイヤだったのかわからないまま、ごねつづけることもあるでしょう。

障害のある子どもの場合、ときに「イヤ」行動が長期におよんだり、過度に頑固に見えたりするかもしれません。しかし、それを本人の性格の問題や特定の障害の特性ととらえるのではなく、発達的な過程として理解することが重要です。

「〜したかったんだね」「〜がイヤだったんだね」と気持ちを言葉にして受けとめてもらうことで、子どもはその共感を支えにして、納得して気持ちを切り替えます。受け身に置かれることなく、自分で選ぶ場面が用意されると、子どもはいきいきと自我を発揮します。こうした他者のかかわりをとおして、子どもは他者への信頼とともに、自分の気持ちを調整できるようになっていきます。

# 第4章　幼児期の発達

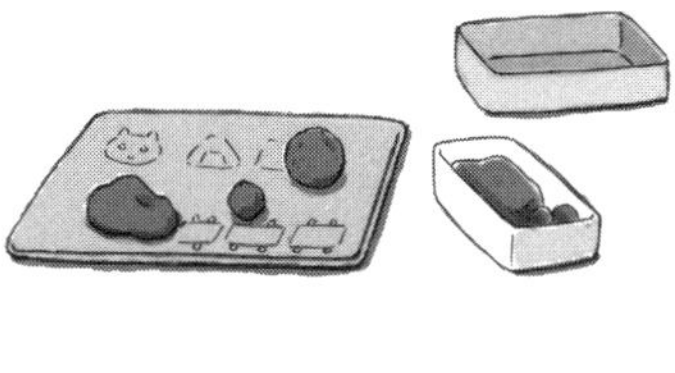

# （１）幼児期前期～2、3歳頃

## ◆幼児期への飛躍

１歳半ばの「発達の節」を越えた子どもは、「～デハナイ、～ダ」という調整の間を含んだ行動・思考を手に入れ、いよいよ幼児期の世界にはばたいていきます。本節では２、３歳頃の発達の姿を見ていきましょう。

まず全身運動面では、１歳台のドタドタした歩き方に較べて、身体をより自由に思いどおりにコントロールできるようになります。斜面や階段を上り下りする、両足で跳んで着地する、片足を上げてまたぐ、しゃがんでのぞき込むなど、多少の抵抗のある場面でもバランスをとって姿勢をキープできます。これはゆたかな道草と冒険を楽しむ土台となります。「あれはなんだろう？」「行ってみよう」「自分もやってみたい」という探究心や挑戦魂が発揮され、達成感を全身で感じ取ります。また、「はやい―ゆっくり」「強い―弱い」を意識して身体を使い、歌やリズム、あるいは相手に合わせて調節を楽しむ姿も見られます。

手指の動作面では、手首をなめらかに動かし、指先の力の入れ具合を調節し始めます。これは素材からつくりだす遊びの土台となります。積み木をきっちり積む、並べる、粘土を変形させる、描画でていねいに線を描くなどの活動が生まれてきます。素材を変形できる力がイメージする力と結びついて、遊び込む姿が見られるようになります。

## ◆言葉のひろがり

1歳半ば頃に相手との間に**「可逆の指さし」**が成り立つようになります。その頃から言葉がコミュニケーション上の大きな役割を果たし始めます。2歳頃からは次第に語彙量が増え、**二語文の芽生え**が見られます。二語文は「ワンワンイル」「オーキイワンワン」「ワンワンバイバイ」のように、対象となる言葉（ワンワン）を軸に、その性質や状態を表す言葉（イル、オーキイ、バイバイ）をつなげたかたちです。それによって多様な状況を表現できるようになります。

二語文が生み出されることと、世界を対《つい》の認識でとらえ始めることには、深い関連があります。**世界を対の認識でとらえる**とは、まわりのモノを較べ、それらのちがいを見つけて表現しようとすることです。田中昌人さんはそれを「**二次元形成**」と呼びました。「おかあさんおおきいね、あかちゃんちいさいね」(大小)、「わんわんいる、にゃんにゃんいないね」(存在の有無)、「ぜーんぶたべた、ちょっとあるわ」(全体と部分)など、対に基づいた関係を表す言葉をもちいて、世界を自分なりに切り分けていきます。複数のモノを較べて「おんなじ」というとらえ方もし始めます。

言葉のもつ「意味するもの―意味されるもの」の記号的関係を理解した上で、その結びつきをわざと変えて楽しんだりもします。

私の2歳の甥っ子は「ゆきおばちゃん」と呼ぶところを、最初まちがって「ゆきおばあちゃん」になってしまったのですが、それがまちがいとわかったあとも、ときどき「ゆきおばあちゃん」と言ってはニヤッとしています。また、相手の目の前に立ちながら「こうちゃん(=自分のこと)、いないよー」と逆の意味のことをわざと言って相手の反応を見たりします。言葉の記号的関係を操ることが遊びになっている例です。ジョークやユーモアの原形と言えるでしょう。

「何?」「なんで?」「どうして?」という問いがよく発せられるのもこの時期からです。まわりの世界の意味を言葉でとらえ直そうとする姿です。「昨日お散歩に行ったよ」と過去について述べたり、「ご飯食べてからお庭で遊ぶよ」と見通しをもって未来について述べたりするようになります。

子どもの言葉のひろがりは、単に認知的発達の結果ではありません。落ち着いた日常生活の中でのさまざまな経験の積み重ねや、それを伝えて共感してもらえる他者との安心できる関係性に支えられています。

## ◆つくりだす遊び　—イメージの展開

1歳半ばの「発達の節」を越えると、少しずつやり方を変えながら何度も繰り返し遊び込む姿が見られます。水道と砂場を往復して水を運ぶ、砂を型抜きして延々と並べるなどの活動に、「〜デハナイ、〜ダ」の行動・思考が細やかに織り込まれます。

さらに、身体や手指をコントロールできるようになり、素材と道具を使った遊びがひろがります。力の入れ加減を調整して素材を思うように変形し、それに名前をつけたりします。紙に丸を描いて「おいも」、隣に描いた大きな丸は「おとうさん、わらってる」。粘土をちぎって丸めて「おだんご、いっぱい」。ブロックを長くつなげて「きりんさん」。小さな作品の誕生です。

しかし、２歳頃はイメージがそれほど継続するわけではありません。特定のイメージを思い定めて作品を生み出すというよりは、自分がつくりだしたモノに名前（意味）をつけ、それを受けとめて共感してもらうことが楽しいという感覚です。先ほどの描画の丸も、言葉のやりとりをしながら描き込んでいるうちに、「おいも」が「おべんとう」になったり「あかちゃん」になったりします。このようなイメージの展開にも**二次元形成の対の認識**は発揮されます。

これらのイメージの基には日常生活の経験があります。五感を使って本物にふれた経験、絵本やお話のゆたかな世界にひかれた経験があってこそ、意味づけも子どもの表情もいきいきしてきます。またイメージの展開には、それを共感的に受けとめて刺激する大人の存在が不可欠です。

## ◆ごっこの世界へ

２、３歳頃から**初期のごっこ遊び**が始まります。小さな台所用具や寝具などの再現的おもちゃを並べて、調理の真似をしたり、人形のお世話をしたりします。互いに役を決めるわけではありませんが、お友だちと並んで楽しそうに再現的おもちゃをあつかいます。大人の助けがあれば、空間自体も見立てるようになります。積み木で囲んだ中がバス、それに乗って動物園に行くというつもりで、みんなでおもちゃのカバンや水筒をもって積み木（バス）の中にしゃがんだりします。そのような遊びを繰り返す中で、「〜しよう」と遊びを提案する姿も見られるようになります。

みんなで絵本の主人公になったつもりで小さな探検も楽しみます。3匹の子ブタになったつもりでオオカミを探す。ガラガラドンになったつもりで散歩に行った先の橋を渡る。大人による設定と支えが必要ですが、その中でイメージをゆたかにふくらませ、友だちとその経験を共有して感情を高ぶらせます。

## ◆自我の拡大と充実

1歳半ばの「発達の節」を越える過程で、自分でやりたいと主張する自我の誕生を迎えました。1歳後半から2歳前半にかけて、その**自我は拡大**していきます。「〜ちゃんの」「〜ちゃんも」と自分の名前を出して要求し、その席やモノは自分のモノだ、自分がやりたいんだと強く主張するようになります。おやつを分けてねと渡すと、一つずつみんなに分け終わった残りは、すべて自分のモノにして満足します。このように他者も一応尊重した上で、おおらかな自己主張を発揮します。「いや」「やらない」という拒否の意思表示もはっきりしてきます。

他方で、鏡や写真に写った像が自分であるとわかり始めます。見られる自分、客体としての自分を理解するということです。それは、恥ずかしさを感じる、照れる、相手の意図に応えようとして緊張する、取り組みの前にちょっと考えてためらうなどの姿として現れます。

この自我の拡大期に、まわりの人たちにおおらかな自己主張や気持ちの揺れを受けとめてもらうことで、今度はその自我が次第に他者を受容できるようになります。2歳後半頃から迎える**自我の充実期**です。

他者と自分の意図（要求）がぶつかったときに、自分の意図をかたくなに押しとおすのでもなく、逆に押し殺して何もできなくなるのでもなく、相手との間で調整を試みます。たとえばおやつを分けてねと言われると、できるだけみんな同量に分けます。そして新たに人が加わると、自分のおやつを一つあげることもできます。そしてそれが自らの誇りにもなっていきます。また、相手に無理を言われたときには断ることもできます。気持ちが崩れたときにも、理由を納得できれば気持ちを立て直せます。相手と自分が同等のものとして分化する、**自他関係における二次元形成**です。身支度やお手伝いにも関心をもち、少し難しいことにも挑戦し始めます。自分なりの基準ができて、それを達成したときは心から満足します。こうして自分に対する自信と信頼をつちかっていきます。他者への信頼をベースにして、大きくなった自分というプラスの気持ちで自我を発揮できる環境を整えてあげたいものです。

# （2）幼児期中期～4歳頃

## ◆「二次元形成」から「二次元可逆操作」へ

幼児期前期（2、3歳頃）は、「大きい―小さい」「ぜんぶ―ちょっと」「ある―ない」といった対の認識を支えに、言葉やイメージがひろがっていく時期でした。自我は「ジブンデ」「ジブンガ」の拡大を経て、自分の意図と他者の意図を調整するほどに充実してきました。これらの発達の特徴は「二次元形成」と呼ばれています。

さて、本節で取り上げる幼児期中期（4歳頃）は、この二次元形成のゆたかなひろがりを前提として、異なる二次元を結びつける新しい活動スタイルをわがものにしていく時期です。心が揺れ動く葛藤場面において、自分の内面で自分の気持ちを整える「自制心」も芽生えてきます。これらの発達の特徴を「二次元可逆操作」と言います。「4歳の発達の節」と呼ばれることもあります。

## ◆行動をまとめあげる力

二次元形成がゆたかにひろがる3歳頃は、両手で同じように力をこめつづける、左右を使い分けるなど、手指のコントロールが高まってきます。片手で紙を支えナガラもう一方の手に持ったハサミで切り抜くといった、「〜シナガラ〜スル」の活動スタイルが見られ始めます。

それがさらに発展して4歳頃には、異なる二次元をそれぞれコントロールしながら結びつける二次元可逆操作の活動スタイルが獲得されていきます。たとえば、ケンケンです。ケンケンは片足を「上げる―下げる」という二次元の一方（上げる）と、前に「進む―進まない」という二次元の一方（進む）を結びつけて、片足を上げナガラ前に進みます。手で雑巾を押さえナガラ前進する床ふきも同じです。双方を制御しながら行動をまとめあげることが必要です。

もちろん最初からすっきりコントロールできるわけではありません。一方の動作を気にするあまり、もう一方がおろそかになったり、二つの動作がこんがらがってしまったりします。通常は1年間ぐらいかけてこの活動スタイルを獲得していきます。その過程で、年長者のモデルに合わせて自分も同じようにやってみようとする姿や、大人の声や合図を支えに行動をコントロールしようとする姿が見られます。このように信頼できる他者に見守られる中で、新しいことに粘り強く挑戦する喜びが生まれ、達成感や自信へとつながっていきます。

## ◆言葉による思考の始まり

4歳頃は語彙が飛躍的に増える時期で、二千語近くまで達すると言われています。言葉の量だけではなく、質的にも変わります。2、3歳頃の「なんで?」と意味を言葉でとらえ直そうとする力を土台にして、絵本のストーリー展開を楽しむ力がはぐくまれていきます。自分の体験した出来事を、その時間や場所や具体的なようすをとらえて語れるようにもなります。

このように自分の言葉で整理する「**自伝的語り**」によって、体験がふり返り可能な経験として蓄積されていきます。また、「もしお散歩の途中で雨が降ってきたらどうする?」といった仮定の質問に対しても、自分の経験を思いめぐらせながら精一杯答えようとします。過去・現在・未来のつながりの中に、言葉をとおして自分という存在を位置づけることは、自己の形成に大きな影響をあたえます。

4歳頃は「**私的ことば**（**プライベート・スピーチ**）」が出現し始める時期でもあります。私的ことばとは、何かの活動中にブツブツと発せられる、まわりの誰かに伝えようとする意図のない独り言のことです。たとえば、パズルをしている子どもが「えっと次は…この丸いのはどこだろう？　あ、ここだ！」などとつぶやいている発話がそうです。**自己中心的言語**とも呼ばれます。

この私的ことばは、子どもが思考の道具として言葉を使い始めた証拠だと考えられています。大人は何かを考えるとき、頭の中で言葉をめぐらせます。試験のときに「あれ？　これはたしか以前に解いたことある問題だ。ちょっと待てよ…まずこうして、次は…」と考えを整理する。朝の出がけに今日のスケジュールを心の中で確認する。一日の自分の行動をふり返って反省する。これらは声として外には出ないので、**内言**（**言語的思考**）と言います。

他方で3歳以前の幼い子どもは、**他者に向けた会話としての言葉**（**外言**）が主です。幼児期中期から見られる私的ことばは、内言（言語的思考）が生まれるまでの過渡期の現象であり、発達的に大きな意味をもっています。

## ◆他者の心と行動を推測する

乳児期からの発達過程において、子どもは他者の心についての理解を深めてきました。乳児期後半に出現する共同注意行動は、相手の注意の方向を意図としてとらえる力と関連していますし、幼児期前期のだだこねや交渉をとおして、自分の意図と他者の意図が異なるということを実践的に学んできました。幼児期中期には、これらの発達を土台として、さらに他者の立場から他者の心の状態と行動を推測し始めるようになります。それを「**心の理論**」の獲得と言います。

たとえば、子どもに次のようなお話を聞かせます。「イチローくんがボールをおもちゃ箱の中にしまって外に遊びに行きました。その間にサブローくんは、おもちゃ箱からボールを取り出して、机の引き出しに入れました。ボールを取りに帰ってきたイチローくんは、どこを開けるでしょう?」。

この質問に対する子どもの回答は、3歳以前は「机の引き出し」が圧倒的ですが、4歳頃から「おもちゃ箱」が増えてきます。つまり、「自分はボールが机の引き出しに移されたことを知っているけど、イチローくんはそれを知らないのだから、まだおもちゃ箱の中にあると信じているはずだ」と、自分のもっている知識と他者（イチローくん）がもっている知識を区別して、他者の行動を推測できるようになるのです。それは日常生活における子どものふるまいや活動にどのような変化をもたらすのでしょうか。まず、良いものも悪いものも含めて、嘘や秘密やいたずらなどの他者を欺《あざむ》く行動は、「心の理論」の獲得があってこそ成り立ちます。ドキドキしたりちょっと後ろめたさを感じたりして、人間的な感情を経験していきます。物語のストーリーをほんとうの意味で楽しめるようにもなります。『おおかみと七ひきのこやぎ』の物語は、正体がおおかみだと自分は知りつつ、だまされるこやぎの立場もまた理解するがゆえに、ハラハラして感情移入できるのです。

## ◆自制心の形成

異なる二次元を結びつける新しい活動スタイルは、自我の発達の面でも発揮されます。葛藤状況に直面したときに、自分の中で懸命に気持ちをコントロールしようとし始めます。たとえば、子どもにとって「さみしいからお留守番したくない」「もっとブランコに乗っていたいから交代したくない」というのが、直接的欲求に従った正直な気持ちです。しかし、「お留守番できる」「交代してあげられる」のはステキだという気持ちもどこかにもっています。そこで、「さみしいケレドモお留守番する」「もっと乗りたいケレドモ交代する」というふうに、二次元の結びつきを反転させる努力をするのです。これを**自制心の形成**と言います。

自制心は大人から強制されたことに従うためではなく、子ども自身が「憧れの自分」になりたいという、一段高い欲求のために発揮されることが大切です。「なりたい憧れの自分」になるために直接的欲求を抑え、自らを励ましてがんばるからこそ、それが達成されたときに大きな自信になるのです。

## ◆二分的評価をともに越える

自制心が形成される過程は、感受性ゆたかな時期でもあります。４歳頃は「できる―できない」がよくわかり、他者からの期待や評価に敏感です。「できるところを見せたい」「できなかったらどうしよう」と揺れ動く気持ちの間で、「～ケレドモ～」と自制心・自励心を働かせようとしますが、気持ちの揺れが高じて妙に萎縮したり、逆にはしゃいだりします。髪の毛や鼻の穴をいじる、指をしゃぶるといった「くせ」が現れたりもします。

そのようなとき、むやみに叱咤激励したり、挑戦の芽をつんだりすることなく、余裕をもってその心の揺れと健気な努力をありのまま受けとめたいものです。その中でこそ子どもは安心して葛藤に向き合い、自制心が自己信頼感へとつながっていきます。

この時期の子どもは、自分に対する評価が「できる―できない」の二分的なものに陥りがちです。だからこそ大人の側が結果にとらわれることなく、子どもの気持ちの揺れも含めた取り組みの過程を共感的に受けとめ、価値あるものとして子どもにフィードバックしていくことが大切です。それが子どもの中に、自己に対する多面的な評価軸をはぐくんでいきます。

# （3）幼児期後期～5、6歳頃

## ◆「生後第三の新しい発達の力」の誕生

**「新しい発達の力」**は大きな発達の節目を越えていく原動力です。これまで見てきたように、生後４か月半ばの**「生後第一の新しい発達の力」**は、乳児期前半から後半への移行をとげる源の力、生後10か月頃の**「生後第二の新しい発達の力」**は、乳児期後半から幼児期への移行をとげる源の力となりました。

そして５歳前半頃には、４歳頃の発達的特徴である**「二次元可逆操作」**を土台に、**児童期の発達の節**（9、10歳頃）を越えていく力の芽生えが見られます。**「生後第三の新しい発達の力」**の誕生です。

この発達の節は、以前から教育現場では**「9歳の壁」**と呼ばれてきました。９歳の壁を越えると、因果関係を厳密に考え、**論理的思考**ができるようになります。また、見かけのちがうものを共通のものさしで比較し、抽象的な言葉や記号を自由に扱うようになります。たとえば、光や磁石、電気など目に見えないモノの意味や働きを理解する、他の人がわかるようにすじみち立てた文章を書く、形のちがうモノを面積で較べる、図や表から要点を読み取るなどです。

つまり9歳の壁を越えるとは、体験に基づく**生活的概念**を土壌に、抽象的な**科学的概念**を発達させること、場を共有してやりとりされる話しことばだけでなく、具体的場面を離れて展開できる書きことばを獲得することだと言えるでしょう。それは学校での本格的な教科学習を可能にします。

9、10歳頃は自己意識も変化します。自己意識が外面的なものから内面的なものへと移り、自分の未熟な点や短所も自覚するため、以前よりも自分に厳しくなります。他者の視点に立って行動や信念を推測する力が高度になり、表面的な言葉の裏に隠された意味や複雑な人間関係を理解し始めます。

さて本節では、この9、10歳頃の発達の節を越える源の力の芽生えに焦点をあてて、5、6歳頃の発達の姿を見ていきましょう。

## ◆すじみちをつくる

それ以前も、相手が相槌や質問をしてくれる会話のやりとりの中でなら、自分の経験を話すことはありました。しかし5、6歳頃には、「～して、それで～（順序）」「～のときは～（限定）」「～だから～（因果）」と接続詞を入れ、「あのね、えっとね」と言葉を継いで、自ら話のつながりをつくっていきます。たとえば、身近な場所の道順を描いてもらう課題では、普段歩いている道順を思い出して再現しようとします。

発達心理学者の岡本夏木さんによれば、話しことばには「**一次的ことば**」と「**二次的ことば**」があります。一次的ことばが親しい人と場面を共有したやりとりであるのに対して、二次的ことばは具体的な文脈を知らない聞き手にも伝わるような発話です。5、6歳頃に生まれる話のすじみちをつける力は、二次的ことばの芽生えなのです。そして思わず語りたくなるようなゆたかな経験が、二次的ことばを伸ばしていきます。

さて、二次的ことばの最たるものが「書きことば」でしょう。書きことばをわがものにしていくためには、文字の形を覚えることも必要ですが、もっと大切なのは、絵や文字の**象徴的機能**（=何かを意味しているということ）を理解し、今ここにいない人に伝えられる、何度も読み返せる、忘れないためのメモとして残せるといった、書きことばの働きに気づくことです。それは日常生活や遊びをとおして学ばれていきます。5、6歳頃の新しい発達の力が生まれる時期には、文字の教え込みではなく、新しい交流の手段である文字への憧れがはぐくまれるような活動を用意したいものです。

## ◆ちがいの中に共通性を見る

クジラは外見や生活場所が魚と似ていますが、母乳で育つという発生上の特徴において、魚類ではなくほ乳類に分類されます。このように本質をとらえてものごとを理解していくのが**科学的思考**です。科学的思考の基礎となるのは、見かけのちがうものの中に共通性を発見する力であり、5、6歳頃にその芽生えが見られます。

わざとガタガタに積んだ積み木の塔を二つ見せて「どっちが高い？」と尋ねる課題があります（どちらも同じ大きさの積み木5個を使っているので、高さは同じです）。パッと見て「同じだ」と思っても、さも両者の高さがちがうかのように「どっちが高い?」と尋ねられると、気持ちが揺らぎます。しかし、本質をとらえる道具として「数」を使えるようになった子どもは、両方の塔の積み木を数え、堂々と「同じ」と答えます。その姿には、共通のものさしに対する信頼と自信が現れています。

ちがいの中に共通性を見る力は、概念形成にも深く関係しています。ニンジンと白菜とキュウリは野菜の仲間、お箸とスプーンとフォークは食具の仲間というように、個別のモノとそれらの共通点を備えた上位概念との関係を理解していきます。似たモノ探しやなぞなぞ遊びが好きになるのは、概念のおもしろさに目覚めた証拠でしょう。

## ◆行動を対象化して調整する

4歳頃までは「大きい―小さい」「長い―短い」「軽い―重い」など、二次元の対の関係を基に外の世界をとらえていましたが、5、6歳頃にはその認識スタイルに変化が起こります。二次元の中間項が生み出され、二次元を調整する力がついてくるのです。それを**三次元形成**と言います。具体的な課題をとおして見ていきましょう。

子どもに紙と鉛筆を渡して、「ここにいちばん小さい丸からいちばん大きい丸まで、だんだん大きくなるように、できるだけたくさんの丸を描いてね」と求める課題です。4歳頃は大小の丸のみを描くか、大中小の丸を描くにとどまりますが、5、6歳頃の発達の力が生まれてくると、「もう少し大きく」「いちばん大きく」という意識をもって、大きい丸から小さい丸まで順に並べて描けるようになります。これを**系列的操作**と呼びます。そして描き終わったあとに、「いちばん小さいのはどれ?」「大きいのは?」「中くらいのは?」と尋ねてみます。すると4歳頃は適当に小さい丸と大きい丸を選んで指しますが、5、6歳頃には全体を見渡した上で正確に中間の丸を指すようになります。

つまり、あらかじめイメージしてから描き始め、描く行動をモニターしながら調整し、描いたモノ全体を見渡して評価するということができ始めるのです。このように三次元形成の力は、自分の行動を対象化することと深くつながっています。遊びの中でも、はじめに計画を立て、それに沿って調整しながら実行する姿が増えてきます。

そういうしっかりした姿の一方で、いたずらや冒険も好きになります。大人との関係にとどまるのではなく、ときにケンカをしながらも、仲間とともに自分たちの価値をもって活発に世界に働きかけていきます。これもまた、子どもの大切な自律の姿です。

## ◆自分自身も対象化する

二次元の中間項の誕生は、自己のとらえ方にも影響をあたえます。4歳頃には自分に対する評価が「できる—できない」の二分的なものになりがちでした。しかし5、6歳頃の発達の力の誕生により、「まだできないけど前よりは上手になった」「意地悪してしまうときもあるけど、優しいところもある」というように、変化していく存在、多面的な存在として自分をとらえ始めます。これを**自己形成視**と呼びます。この頃から見られる、前・横・後ろの三方向から見た自画像の描き分けにも、自分自身を多面的に見る力が現れています。

また、自分がしたことを評価して、「ここはうまくいった」「でも今度はここをもうちょっと工夫しよう」と改善のための修正点を考えるようにもなります。過去を生かして未来につなげる**系列的評価**です。そうすると、最後まで粘り強く取り組んでやりきることを、子ども自身が大切にし始めます。その力を存分に発揮できるような、長い時間をかける作品づくりや、みんなで協力して取り組む魅力的な活動が、ますます大きな意義をもってくるでしょう。

## ◆集団的自己の芽生え

**多面的・系列的評価**は、自分だけではなく他者にも向けられます。相手を長所も短所も併せもつ存在として受け入れ、取り組みのプロセスにおける努力や変化を認め合います。また、他者から教えられたことを自分の中で咀嚼し、それを別の他者に教え始めるのもこの頃です。意見が対立したときには、どちらか一方ではなく両者の意見をくんだ解決策を考えるようになります。

このような力を基礎に、自分の所属する集団に対する帰属意識と誇りが生まれ、その集団の成長が自分の成長として実感されます。**集団的自己**の芽生えです。誰もが対等に意見を尊重され、納得できるまで話し合える集団をつくっていくことが、保育・教育の大きな課題となるでしょう。

# （4）「生後第三の新しい発達の力の誕生」を支える

## ◆行動の対象化が起こるプロセス

前節では、５、６歳頃の発達の姿を、「生後第三の新しい発達の力」の誕生に焦点をあてて見てきました。この時期の発達的特徴として、イメージをまとめてすじみち立てて話す力、ちがいの中に共通性を見出す力、あらかじめ計画を立てて行動をモニターしながら実行する力、自分を多面的に対象化する力の芽生えがあげられました。

別府哲さん（岐阜大学）は田中昌人さんの理論をふまえて、生後第三の新しい発達の力の誕生を、「**自己基準枠**」の発達と関連づけて説明しています。

自己基準枠とは、「ある行動をおこなうまえに頭の中で考える行動の計画・枠組み」のことです。自己基準枠がつくられてくると、「こんなふうにやりたい（描きたい、つくりたい、遊びたい)」という事前のイメージを実現させるために行動できるようになります。事前のイメージや計画があるからこそ、最後までやりとげよう、うまくいかなくても粘り強く工夫しようという気持ちが生まれます。そして、自分の意見や計画をもっているからこそ、想定とちがう意見や現実と出会ったときに、深く吟味し考えようとします。

つまり、自己基準枠がつくられることは、自分の行動を対象化できることと密接につながっています。自己基準枠を基に自分の行動を調整し、他者の意見と自分の意見を調整する過程で思考を深めることにより、子どもは自律的にゆたかな経験を積み上げていくのです。

では自分の行動はどのようにして対象化されるのでしょうか。それには他者の存在が必要です。生後第三の新しい発達の力の誕生に困難を抱えている例をもとに、具体的に見ていきましょう。

## ◆硬直した自己評価

障害のある子どもはとくに「できる—できない」の二分的評価に長くとらわれる場

合があります。「できない」と思ったことははじめからやってみようとせず、尻込みしたりかたくなに拒否したりします。

その一方で、「できる」の手応えも、自分で納得して評価した結果というより、周囲からどのような評価を受けるかに左右されがちです。「まだうまくできないけど、ここを工夫して前より上手になった」「悪いところもあるけど良いところもある」といった、継続する時間の中で変化する多面的な存在として自分を対象化することが、まだ難しいのです。

何かをしようとするときに事前のイメージや計画があれば、その実現に向けて自分の行動を調整しようとするでしょう。うまくいかなかったときには、やり方を工夫し、そのプロセス自体におもしろさを感じるようになるでしょう。そうすると「できる─できない」を越えて、変化していく自分自身を肯定的に評価する**多面的・系列的評価**の目が生まれてきます。

この事前にイメージして計画する力がまだ十分に発達していないにもかかわらず、自己評価する力がついてきている場合に、二分的評価に陥りやすいようです。

## ◆しなやかな自己評価へ

では、そういう子どもに対して、どのような教育的援助が考えられるでしょうか。

一つめに、**自分の取り組み過程をふり返る機会をつくる**ことがあげられます。たとえば、描画や工作で作品をつくるときに、「できたね！　すごいね！　がんばったね！」という一般的評価で終わるのではなく、「ここの○○がステキだね」「よく考えて工夫したね」と、子どもの取り組みの軌跡に添う形で具体的に評価します。

また、「こういうやり方もあるよ」と、さらに魅力のある具体的な方法を示して、子どもがそれを試せるように励まします。このように「できる―できない」よりもゆたかな評価の軸を大人が示すことによって、子どもの中にもそうした評価軸が取り入れられていくでしょう。

二つめは、個人で取り組む課題ばかりにならないよう、**友だちとの共同的取り組みを豊富に用意する**ことです。それによって、意見のぶつかり合いやすり合わせ、他者に合わせて自分の行動を調整するといった、自己を対象化する機会が増えます。個人の出来映えよりも、共同で取り組むことの新鮮さや楽しさに意識が向きます。

また、集団の中で役割を果たせるような活動づくりも重要です。友だちや先生に認められ感謝されることで、誇らしい気持ちで自分の継続的行動をふり返り、さらにがんばろうとする気持ちが生まれます。

## ◆すじみちをつくる力を育てる

自分の経験をたどりながら順序立てて説明する。イメージをつなぎ合わせて物語る。５、６歳頃に芽生えるこの**すじみちをつくる力**は、文章の意味を理解し自分の考えをまとめるという、学校学習の中心的活動を支えます。

発達に軽い遅れのある子どもは、一見わかりづらいけれども、すじみちをつくる力に弱さを抱えている場合が多くあります。授業内容が十分に理解できないために学習意欲がわかなくなる。「わからない」「できない」というネガティブな自己評価が積み重なってイライラが募り、「問題行動」として発散する。そのような姿となって現れることもあるでしょう。また、遊びや日常会話において、パターン化された説明を繰り返したり、論理が飛躍した突拍子もないことを言ったりする姿が見られるかもしれません。

すじみちをつくるとは、経験やイメージを対象化し、再び言葉でまとめあげていくことです。そこに困難を抱えている場合に、どのような教育的援助が求められるでしょうか。まず、子どもに「語るに足る（語りたくてたまらない）もの」との出会いを用意することが大切です。すなわち、感情が揺さぶられる体験をする。ともに立ち会った友だちや先生と何度もそれをふり返る。それを知らない人たちにも伝えたくてたまらなくなる。そのような機会を日常生活や遊びの中につくりだすのです。

具体的には、裏山での秘密基地づくり、自分たちで計画したお泊まり会、長い時間をかけて仕上げる作品、妖精や魔女などファンタジー的存在が含まれる物語世界での遊びなどがあげられるでしょう。そして、ふり返りの方法や伝える方法には、多様なものを用意するとよいでしょう。言葉で語ることに加えて、シンボル的なモノを飾って眺めるとか、共同で絵を描くといった手段も合わせて、**経験やイメージを「見える化」「共有化」していく工夫**が必要です。

## ◆最近接発達領域ふたたび

生後第三の新しい発達の力の誕生に困難を抱えている例をあげながら、自分の行動の対象化をうながす教育的援助について見てきました。周囲の大人の評価軸を取り込むことによって、二分的評価が多面的・系列的評価へと発達していく。すじみちをつくる力は、心揺さぶられる体験を他者と共有することによってはぐくまれていく。発達の契機においていずれも他者の存在、および他者を含んだ活動が重要であることが明らかになりました。

第1章で、ヴィゴツキーの「**最近接発達領域**」という概念を紹介しました。最近接発達領域とは「子どもが一人でできること（現在の発達水準）と、他者との共同によってできること（潜在的発達水準）との間のへだたり」のことです。子どもは他者に導かれて活動や人間関係を経験し、それをわがものにする中で変化していく。ヴィゴツキーは、これこそが発達の重要な法則だと言います。

この本の中で、生後第一、第二、第三の新しい発達の力の誕生と絡めて、障害のある子どもの保育・教育について述べてきましたが、いずれの局面においても、発達は他者との共同をとおしてつくりだされていました。また、障害ゆえに発達に凸凹のある子どもや、新しい発達の力の誕生に困難を抱えている子どもほど、共同の仕方の工夫や長期的取り組みが必要だということも明らかになりました。

どんなに重い障害をもっていても、他者との共同をとおして最近接発達領域はつくられます。そのためには発達を学ぶことが不可欠です。そして発達を学ぶことによって私たち自身も変わっていきます。それが本書のタイトルの後半部分、「発達に学ぶ」に込めた意味です。

# 第5章　発達を学ぶということ

## ◆Kちゃんのこと

誕生から6歳までの発達の道すじについて、駆け足ながら見てきました。この章では、発達を学ぶとはどういうことなのか、発達を学ぶことによって教育・保育実践はどのように変わるのかについて、あらためて考えてみたいと思います。

なぜ発達を学ぶのか。それは子どもの個々の行動や現象を表面的にとらえずに、その意味や背後にある思いを理解するためです。私が以前、学童保育の指導員をしていた頃に出会ったKちゃんの例を取り上げてみましょう。

Kちゃんは大柄で陽気な小学校高学年の女の子です。話しことばを獲得していて二語文三語文もしゃべりますが、人の言葉を模倣して返事をする、かんしゃくを起こすと決まり文句を何度も叫ぶなど、言葉のやりとりがややパターン化しているところがありました。また、遊びの最中や散歩の行き帰りで突然怒り出して座り込んで動かなくなる。周囲の友だちや大人に暴言を吐き、ときには殴りかかるふりもする。そうなるとなかなか気持ちが切り替えられずに、今度は自分のカバンを叩きつけたり、泣き出したりする。すると他の子どもたちもびっくりして遠巻きにKちゃんを見る。みんなで取り組んでいた活動もストップ。Kちゃん自身も全く楽しそうではない。このような場面がしばしば見られました。

そういうとき周囲の大人（私も含まれます）はKちゃんに対して、叱る、なだめすかす、ご褒美で釣る、気持ちをそらすなどの働きかけを一所懸命おこないました。働きかけても相変わらずの状態のときは、内心焦ってイライラしながら、次々にあの手この手を繰り出しました。それでKちゃんが機嫌を直して遊び始めたり歩き出してくれたりすると「やった！」と思い、自分の働きかけが他より優れているような、実践の「技術」が上がったような、少し得意気な気持ちがしました。

でも次第に違和感というか、ひっかかるものを感じるようになりました。それが何なのか当時はうまく言葉にできず、なんだか楽しくないなという漠然とした気持ちだけがくすぶっていました。

今からふり返ると、私たちはKちゃんのかんしゃくや拒否的行動を「望ましくないもの」「なくしていくべきもの」ととらえ、どうしたらその行動を減らすことができるかに心を砕いていたように思います。理由のひとつは、かんしゃくや拒否的行動をとっているときにKちゃん自身が苦しそうだったからです。しかし、同じくらい大きなもうひとつの理由は、自分たちの用意した集団の活動をスムーズに進めたいというものでした。

Kちゃんに楽しく活動に参加して充実した時間を過ごしてほしいという善意が根底にあったことは確かですが、だんだんKちゃんのことを「こちらで予定した集団の活動を乱すことなくスムーズに動いてくれているかどうか」という観点からしか見られなくなっていきました。かんしゃくや拒否的行動がなければ「今日はよかった、うまくいった」と思うようになりました。

## ◆行動の意味と背後にある「思い」

その当時感じた違和感は何だったのか。発達を本格的に学び始めてやっとその正体がわかりました。それは「Kちゃんを見ていない」「Kちゃんを理解しようとしていない」ことでした。かんしゃくや拒否といった行動レベルは見ていても、なぜKちゃんはそのような行動をとるのか（とらざるをえないのか）については見ようとしていなかったのです。私はKちゃんの行動を外から眺めているだけで、Kちゃんから見える世界がどのようなものかに思いをめぐらせることはしませんでした。

自分たちの実践を見直す視点は、子どもの立場に立つことから生まれます。この子にとって今日の活動はどんな意味をもっているのだろうか。この子の中に芽吹きつつある力を十分に発揮できるような活動になっているだろうか。この子の新しい発達の力を引き出すような仲間関係がつくられているだろうか。子どもの立場に立って行動の意味をとらえ、背後にある子どもの「思い」を知ろうとする。それこそが実践を発達させ、実践にかかわる大人を発達させる力となります。そして「子どもの立場に立つ」ための有力な方法が、発達を学ぶことなのです。

## ◆「発達要求」という視点

Kちゃんは二語文三語文を話すことができましたが、認識的には1歳半ばの発達の節の特徴をまだ残していました。行動の切り替えと調整に支えが必要で、目標や見通しをとらえてそれに向かって調整することも苦手でした。友だちのことが大好きでつねに気にかけていましたが、接近すると些細なことでかんしゃくを起こすといった具合で、接し方があまり上手ではありませんでした。

発達を学び始めると、Kちゃんのかんしゃくや拒否的な行動が、ただ「望ましくない」「なくしていくべき」ものではなく、目標をとらえきれずに支えを必要としているKちゃんの訴えのように見えてきました。Kちゃんにとって散歩の行き先は十分にイメージできるものになっているだろうか。Kちゃんがやってみたいと思えるような活動が用意できているだろうか。その中に友だちと共同で取り組んだり、行動を調整したりする機会は組み入れられているだろうか。そのような観点から実践を見直すようになりました。発達を学ぶことによって、子どもの発達に必要な実践内容を創造するルートが少しずつ拓かれていったのです。

大人の側から見て「困った」と思う行動や現象は、子どもの側から見ると往々にして「困っている（助けてほしい）」「発達に必要な教育が不十分な」状態だったりします。「問題行動」を「発達要求のあらわれ」としてとらえて、実践をふり返り組み立て直す。障害のある子どもの教育・保育実践に寄り添う発達研究から生まれた真理だと思います。

## ◆教育は発達の一歩前を進む

ヴィゴツキーは「教育は発達の後をついていくのではない。教育は発達の一歩前を進むのだ」と述べました。発達における教育の役割の重要性を指摘したものとして有名です。これはヴィゴツキーによる教育と発達の関係の理論的整理ですが、それを田中昌人さんの論考の助けを借りてさらに具体的に考えてみたいと思います。

ご存知のように、田中昌人さんはびわこ学園の記録映画『夜明け前の子どもたち』の制作に携わり、その実践の中から得られた発達的事実や教育上の原則について、著書『発達保障への道』（全障研出版部）に詳しくまとめています。読むたびに新しい発見がある本ですが、ここでは次の3つの要点に着目してみましょう。

①教育は、必要な発達的抵抗をいかに適切に、しかも系統的にあたえていくかを追求しなければならない、②真の発達研究は、個人主義的な「適応」への「学習」ではない発達の単位を見いだすものである、③作業に人間を縛るのではなく、人間に必要な作業（活動）を作る必要がある。

これらの指摘は、発達を学ぶことの意味、教育と発達の関係について、とても本質的なことを教えてくれていると思います。田中昌人さんの論考をふまえて、前述のヴィゴツキーの理論のエッセンスを補完するなら、次のように言えるかもしれません。すなわち、「教育は発達の一歩前を進む。しかし、その教育が発達理解に基づかないときには、教育は子どもの発達的自由をひろげる本来の営みとはまったく違ったものとなる。たとえば、達成目標に設定した行動を細分化して子どもに遂行させることが、教育の名の下に幅をきかせ、それが達成されたかどうかをもって個人主義的に子どもを評価するようになってしまう。教育がヴィゴツキーの言う意味で発達の一歩前を進むためには、発達の法則を学んだ上で、新しい発達の力が発揮されるような発達的抵抗の加え方を科学的に解明することが必要である。そうした人間関係や活動内容を創造していくことが本来の教育の営みであり、それを可能にする発達の単位を見つけ出すことが発達研究の役割である」と。

教育・保育実践が子どもに一方的に「適応」を迫るものになるのか、それとも子どもの発達的自由をひろげ、新しい価値を創造するものになるのか。その分岐点に位置するのが、発達を学ぶということです。私たちの多くは、放っておくと適応主義的・効率主義的に子どもを見てしまいます。「ものさし」で子どもを測り、外的な達成程度で子ども（の努力と成果）を評価します。それは私たち自身がそのように育てられ、そういう見方を知らず知らずのうちに内面化してしまっているからかもしれません。でも、だからこそ、発達を学ぶということは、私たち大人をもまた、自由にゆたかにしてくれるのではないでしょうか。

（参考文献）


麻生武『乳幼児の心理　コミュニケーションと自我の発達』、サイエンス社（二〇〇二）
荒木穂積・白石正久編『発達診断と障害児教育』、青木書店（二〇〇七）
岡本夏木『幼児期〜子どもは世界をどうつかむか』、岩波書店（二〇〇五）
白石正久・白石恵理子編『教育と保育のための発達診断』、全障研出版部（二〇〇九）
田中真介監修『発達がわかれば子どもが見える　0歳から就学までの目からウロコの保育実践』、ぎょうせい（二〇〇九）
田中昌人・田中杉恵『子どもの発達と診断1〜5』、大月書店（一九八一）
浜田寿美男『「私」とは何か　ことばと身体の出会い』、講談社選書メチエ（一九九九）

# おわりに

本書は、2013年4月から2014年3月にかけて『みんなのねがい』に連載された原稿に加筆修正したものです。雑誌に連載を書くのは私にとってはじめての経験でした。しかも『みんなのねがい』は、障害児学童保育の指導員をしていた学部生時代にはじめて定期購読した雑誌です。さまざまな地域、年齢層、立場の方々が読んでいらっしゃること、また、多くの人をつなぐ役割をもつ雑誌であることを知っていたからこそ、執筆には特別な緊張感がありました。

1年間の連載を終えた今、駅伝を走り終えたような気持ちです。毎月タスキを手にそれぞれの区間を必死で走りました。まわりの景色を楽しみながら走れたかというと、正直言ってそんな余裕はなかったですが、なんとか完走できて安堵しています。

この道中、決して一人で走っていたわけではありません。田中真介さんにはスタート前からゴールまで強力な伴走者になっていただきました。連載開始の数か月前、各回のプロット案を検討する際には、辛抱づよい聞き手となって、私のまだ言葉にならない言葉を汲み、思考の整理を助け、勇気づけてくださいました。またお忙しい中、毎月私の送りつける下書き原稿に目をとおし、ユーモアあふれる語り口で的確なコメントと新たな視点を提示してくださいました。その伴走のおかげで新しい景色を見ることができました。この1年間の伴走の中で、発達研究者としての生き様も見せていただいたと思っています。ほんとうに貴重な経験でした。ありがとうございました。

また、『みんなのねがい』の読者のみなさんの存在も大きな支えとなりました。その送っていただいた感想やコメントから、新たに気づかされることがありました。その中のいくつかは、連載を単行本化する際に加筆修正の参考にさせていただきました。ここに記してお礼申し上げます。

そして、ここにひとりひとり具体的な名前をあげることはできませんが、毎区間のあゆみを進めてこられたのは、これまで出会った多くの子どもたち、そのご家族の方々、さまざまな現場で出会った実践者のみなさんのおかげです。つねに顔を思い浮かべ、心に残ったエピソードを思い返しながらの執筆でした。そのゆたかな姿をどれだけ本書に反映できたかは心許ないところがありますが、みなさんとの出会いが私の財産だということをあらためて認識することができました。

本文の内容に合わせて心あたたまるイラストを描いてくださったいばさえみさんには、本書にさわやかな風を吹きこんでいただきました。連載時に毎号届けられるイラストに、力を与えられる思いでした。
最後になりましたが、今回の連載を担当してくださった全障研出版部の児嶋芳郎さん（現広島都市学園大学）、本書の出版を担当してくださった同じく全障研出版部の安藤史郎さん、ご迷惑をおかけしたことも多々ありましたが、いつもひろい見地で対処していただき、また折にふれて心に残る励ましのお言葉をいただき感謝しています。ありがとうございました。

２０１４年５月

**藤野　友紀**

**藤野友紀**——ふじの ゆき

1973年、香川県生まれ。
京都大学、同大学院で学ぶ。
修士（教育学）。専門は発達心理学、保育学。
現在、札幌学院大学人文学部准教授。
著書に 『教育と保育のための発達診断』（共著、全障研出版部）
『保育心理学の基底』（共著、萌文書林）

本書をお買い上げいただいた方で、視覚障害により活字を読むことが困難な方のために、テキストデータを準備しています。ご希望の方は、下記の「全国障害者問題研究会出版部」までお問い合わせください。

**発達を学ぶ 発達に学ぶ　誕生から6歳までの道すじをたどる**

2014年8月9日　初版第1刷発行
2021年10月9日　第6刷発行

著　者　藤野友紀

発行所　全国障害者問題研究会出版部
〒169-0051　東京都新宿区西早稲田2-15-10
西早稲田関口ビル4F
Tel. 03(5285)2601　Fax. 03(5285)2603
郵便振替　00100-2-136906
http://www.nginet.or.jp/

印刷所　モリモト印刷


ISBN978-4-88134-295-4